3일 독해 3
1일 정리 1
독해

정흥태 지음

KB189091

한국사 2권
(고려시대)

SAMIL | 삼일인포마인

역사는 과거로 떠나는 시간여행이에요. 먼 옛날 구석기 시대부터 현대까지, 역사를 통해 우리는 수많은 사람, 그리고 그들과 관련된 수많은 사건을 만날 수 있어요. 여러분이 이미 잘 아는 사람과 사건을 만날 수도 있고, 낯선 사람과 낯선 사건을 만날 수도 있지요.

역사를 통해 만나게 될 많은 이들, 그 대다수는 이미 교과서나 역사와 관련된 여러 책을 통해 널리 알려진 이들이죠. 하지만 그들만이 역사 속에 존재한 건 아니에요. 절대다수의 사람들은 역사에 그 이름 하나 남기지 못했죠. 그들의 존재까지도 우리가 기억했을 때, 역사는 비로소 온전한 모습으로 우리 앞에 나타날 수 있을 거예요.

우리가 항상 더 나은 세상을 꿈꾸듯이, 과거의 사람들 또한 항상 더 나은 세상을 꿈꾸었을 거예요. 그들이 꿈꾸던 더 나은 세상이란 어떤 세상이었고, 그런 세상을 만들기 위해 어떤 노력을 했는지도 알아볼 거예요. 그것을 통해 우리가 꿈꾸는 세상을 어떻게 만들 수 있는지 알 수 있을 테니까요. 그것이 역사를 배우는 진짜 이유였으면 해요. 과거의 사람들이 역사를 통해 우리에게 그 방법을 알려줄 거예요.

이 책을 통해 여러분의 역사적 상상력이 한껏 펼쳐지고, 그래서 죽은 역사가 생생하게 살아났으면 좋겠어요. 여러분이 역사 속 인물들과 얘기 나누고, 그들의 얘기에 공감하고, 때론 비판할 수 있는 시간여행이 되면 좋겠어요. 항상 여러분의 소중한 꿈을 응원할게요. 마지막으로 이렇게 여러분과 만날 소중한 기회를 주신 삼일인포마인 관계자 여러분, 그리고 항상 저를 응원해주시는 최태성 선생님께도 감사의 말씀을 전합니다.

3일 독해 후 1일 정리!
독해 실력과 역사 지식 습득을 한 번에!

1 부담 없는 학습을 위한 하루 한 장 독해 분량

다양한 사진과 설명을 부담 없는 분량으로 제공하여 지루하지 않게
학습할 수 있습니다.

2 어려움 없는 독해를 위한 친절한 용어 설명 수록

어렵게 느껴질 수 있는 용어에 대해 상세한 설명을 추가했습니다.

3 풍부한 역사 지식 습득을 위한 상세한 역사 해설 수록

상세한 해설을 재미있게 풀어내어 역사에 흥미를 가질 수 있습니다.

4 학습한 내용을 간단한 문제와 함께 복습 가능

빈칸 고르기, 빈칸 채우기, 객관식 문제 등을 통해 학습 효과를
극대화할 수 있습니다.

5 중요 내용을 한눈에 정리할 수 있는 핵심 정리

3일 독해 후 하루는 핵심 정리를 통해 이론을 정리할 수 있습니다.

6 한국사능력검정시험 대비를 위한 기출문제 수록

한능검 기출문제와 상세한 해설을 함께 수록하여 시험 준비가 가능합니다.

이 책의 학습법 및 특징

3일 독해

하루 한 장! 재미있는 역사 이야기로 독해력을 향상시켜 보세요.

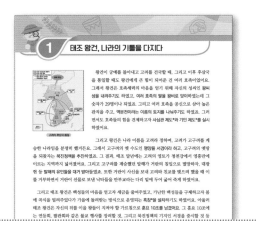

하루 딱 한 장 분량으로 부담 없이 독해 연습을 할 수 있습니다. 글을 읽는 동안 지루함을 느끼지 않도록 다양한 역사 사진과 설명을 함께 수록하였습니다.

친절한 용어 설명과 함께 어려움 없이 독해해 보세요.

어려운 역사 용어에 대해 상세한 설명을 추가했습니다. 검색을 해보지 않아도 이 책만으로 독해하는데 어려움이 없도록 하였습니다.

상세한 역사 해설을 학습하고 더 많은 배경 지식을 쌓아 보세요.

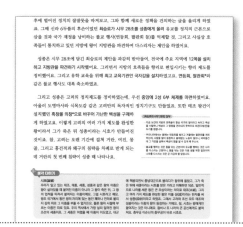

간단한 지식만 습득하는 것이 아닌, 상세한 해설로 더 많은 배경 지식을 쌓을 수 있습니다. 재미있고 유익한 추가 해설로 역사에 흥미를 유발할 수 있도록 하였습니다.

학습한 내용을 간단한 문제와 함께 복습해 보세요.

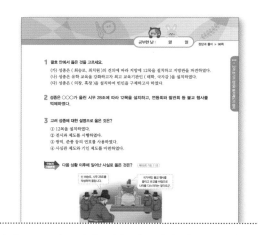

빈칸 고르기, 빈칸 채우기, 객관식 등 다양한 문제를 수록하여 학습한 내용을 바로 복습할 수 있도록 하였습니다. 학습 효과를 극대화하여 독해와 지식 습득 효과를 동시에 얻을 수 있습니다.

3일 독해 후 1일 정리를 통해 학습한 내용을 완벽하게 내 것으로 만들어 보세요.

독해 실력 향상뿐만 아니라 독해한 내용이 지식으로 이어질 수 있도록 1일 정리 공간을 만들었습니다. 꼭 기억해야 할 핵심 내용만 정리하여 학습의 부담은 줄고 시각적으로 기억할 수 있습니다.

한국사능력검정시험 기출문제를 풀어보고 시험에 대비해 보세요.

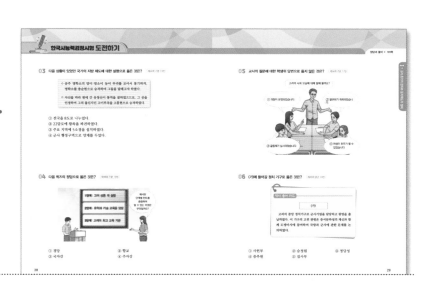

실제 한능검 기출문제를 수록하였습니다. 여기에 상세한 해설을 더하여 이 책만으로도 충분한 학습이 가능합니다. 한능검 시험까지 이 책 한 권으로 한 번에 준비해 보세요.

Contents

PART

I

이제 우리는 고려라는 나라로 시간 여행을 떠날 거예요. 신라 말 지배층의 가혹한 수탈에 시달리던 신라의 백성들. 그들은 새로운 희망을 제시하며 등장한 호족, 6두품, 선종 세력에게 마음을 열었죠. 얼핏 보면 견훤과 궁예와 왕건, 그리고 여러 호족과 6두품의 노력으로 결국 신라가 무너지고 고려 시대가 시작되었다고 생각할 수 있어요. 정말 그럴까요? 빼앗기고 짓밟히면서도 신라 백성들의 마음이 오직 신라만을 향했다면, 그래서 신라를 지키기 위해 모든 걸 내던졌다면 신라는 절대 망하지 않았겠죠.

고려를 건국하고 이끌어간 세력도 그걸 알았어요. 백성들의 마음을 얻지 못하면 고려라는 나라도 언제든 망할 수 있다는 것을. 그래서 고려 건국 이후, 고려가 신라보다 더 나은 나라라는 걸 보여주기 위한 다양한 노력이 나타날 거예요. 그건 곧 백성들의 마음을 얻기 위한 노력이었죠. 그걸 시간의 흐름에 따라 살펴보려 해요. 그리고 고려라는 나라가 어떻게 운영되는 나라인지를 알기 위해서 고려의 통치제도도 함께 살펴보려 해요.

고려 초기의 정치와 통치제도의 정비

1 태조 왕건, 나라의 기틀을 다지다

고려의 후삼국 통일

왕건이 궁예를 몰아내고 고려를 건국할 때, 그리고 이후 후삼국을 통일할 때도 왕건에게 큰 힘이 되어준 건 여러 호족이었어요. 그래서 왕건은 호족세력의 마음을 얻기 위해 자신의 성씨인 **왕씨 성을 내려주기도 하였고, 여러 호족의 딸을 왕비로 맞이**하였는데 그 숫자가 29명이나 되었죠. 그리고 여러 호족을 공신으로 삼아 높은 관직을 주고, **역분전**이라는 이름의 토지를 나눠주기도 하였죠. 그러면서도 호족들의 힘을 견제하고자 **사심관 제도***와 **기인 제도***를 실시하였어요.

그리고 왕건은 나라 이름을 고려라 정하며, 고려가 고구려를 계승한 나라임을 분명히 했거든요. 그래서 고구려의 옛 수도인 **평양을 서경**이라 하고, 고구려의 옛땅을 되찾자는 **북진정책을 추진**하였죠. 그 결과, 태조 말년에는 고려의 영토가 청천강에서 영흥만에 이르는 지역까지 넓어졌어요. 그리고 고구려를 계승했던 발해가 거란의 침입으로 멸망하자, 대광현 등 발해의 유민들을 대거 받아들였죠. 또한 거란이 사신을 보내 고려와 친교를 맺으려 했을 때 이를 거부하면서 거란이 선물로 보낸 낙타들을 만부교라는 다리 밑에 두어 굶어 죽게 하였어요.

그리고 태조 왕건은 백성들의 마음을 얻고자 세금을 줄여주었고, 가난한 백성들을 구제하고자 봄에 곡식을 빌려주었다가 가을에 돌려받는 방식으로 운영되는 **흑창***을 설치하기도 하였어요. 아울러 태조 왕건은 자신의 뒤를 이을 왕들이 지켜야 할 가르침으로 **훈요 10조**를 남겼어요. 그 훈요 10조에는 연등회, 팔관회와 같은 불교 행사를 장려할 것, 그리고 북진정책의 기지인 서경을 중시할 것 등의 내용이 담겨 있죠.

➕ 생각 더하기

태조 왕건과 호족

왕건과 호족은 아주 긴밀한 관계였어요. 고려의 건국과 후삼국 통일 모두 왕건이 여러 호족과 힘을 합쳐 이룬 성과였거든요. 고려 초에 호족의 힘은 막강했고, 그 호족들이 힘을 합치면 왕건도 궁예처럼 언제든 쫓겨날 수 있는 것이죠. 그래서 왕건은 호족들의 마음을 묶어두기 위한 여러 가지 정책을 실시한 거예요. 특히 호족들의 딸을 후궁이 아닌 왕비로 맞이한 것이 왕건에게는 큰 힘이 되었어요. 호족들은 각자 자신의 딸이 낳은 왕

자가 왕이 될 거라는 기대감으로 왕건에게 충성을 다했죠. 하지만 왕건이 죽자 왕건의 정책은 부메랑이 되어 왕권을 위협했어요. 왕은 한 명뿐이고, 왕건이 죽고 맏아들(혜종)이 왕위에 오르자, 여러 호족들은 호시탐탐 자신의 손자를 왕위에 앉히기 위해 각각 일을 꾸미죠. 그 대표적인 게 '왕규의 난'이에요. 거듭되는 암살 시도를 겪으면서 혜종은 즉위한 지 2년 만에 죽게 되죠. 그 뒤를 이어 혜종의 배다른 동생이 왕위에 오르는데, 그게 정종이에요. 하지만 정종도 불과 4년 만에 죽게 되었고요.

1 괄호 안에서 옳은 것을 고르세요.

(가) (견훤, 왕건)은 고려를 건국하고 후삼국을 통일하였다.

(나) 태조 왕건은 자신에게 협조한 호족들을 공신으로 삼아 높은 관직을 주고 (관료전, 역분전) 이라는 토지를 지급하였다.

(다) 태조 왕건은 평양을 서경으로 삼고 북진정책을 추진하였는데, 그 결과 (대동강, 청천강) 에서 영흥만에 이르는 지역까지 영토를 확장하였다.

2 다음 중 태조 왕건의 업적이 <u>아닌</u> 것은?

① 흑창을 설치하였다.

② 훈요 10조를 남겼다.

③ 과거제를 실시하였다.

④ 기인 제도를 실시하였다.

3 태조 왕건은 가난한 백성들을 구제하고자 봄에 곡식을 빌려주고, 가을에 돌려받는 기구인 ○○을 설치하였다.

한능검 기출문제 (가)의 업적으로 옳은 것은? 제44회 기본 13번

이 왕릉은 고려를 세운 ___(가)___ 이/가 묻힌 현릉이에요. 그는 호족을 포용하고 북진정책을 추진했어요.

① 훈요 10조를 남겼다.
② 한양에 도읍을 정하였다.
③ 노비안검법을 실시하였다.
④ 전민변정도감을 설치하였다.

🔍

● **사심관 제도**: 호족 출신의 고위 관료를 사심관으로 삼아 그들의 출신 지역에 관한 일을 결정하게 하고, 만약 문제가 발생하면 책임을 지게 하는 제도. 신라의 마지막 왕인 경순왕이 고려에 항복하자, 그를 경주지역의 사심관으로 임명한 것에서 비롯되었다.

● **기인 제도**: 호족의 자제를 수도인 개경에 머물게 하면서 출신 지역에 관한 일에 자문을 하도록 한 제도. 만약 출신 지역에서 반란 등이 일어나면 이들은 인질(볼모)이 되어 호족세력을 견제할 수 있었다.

● **흑창**: 고구려의 진대법을 계승하여 태조 왕건 때 설치한 것으로, 이후 성종 때 의창으로 바뀌었다.

2 광종, 노비안검법과 과거제를 실시하다

태조 왕건이 죽자 치열한 왕위 다툼이 벌어졌어요. 왕건의 아들인 혜종과 정종이 차례로 왕위에 올랐지만, 호족들의 왕위 다툼으로 왕권은 매우 불안했어요. 그래서 둘 다 왕위에 오른 지 얼마 되지 않아 죽게 되죠. 그러면서 왕건의 또 다른 아들인 광종이 왕위에 오르게 되죠.

호족 출신의 외척들이 벌인 왕위 다툼으로 왕위에 올랐던 자신의 형들이 무참히 죽어가는 것을 보며 왕위에 오른 광종. 광종은 어떻게든 호족세력을 견제하고 왕권을 강화하고 싶었어요. 그때 광종은 호족들이 불법으로 거느린 노비에 주목했어요. 그래서 광종은 호족세력을 견제하고자 노비안검법*을 시행하여 불법으로 노비가 된 이들을 양민으로 해방시켰어요.

또한 광종은 공신이 된 호족들이 능력과 상관없이 대를 이어 높은 관직을 차지하는 것도 왕권을 위협한다고 봤어요. 그래서 중국에서 귀화한 쌍기의 건의를 받아들여 우리 역사상 처음으로 과거제를 실시하죠. 과거제는 유학을 공부한 이들의 학문적 소양과 능력을 평가하여 관리로 선발하는 제도예요. 당연히 호족들이 큰 타격을 받게 되죠. 또한 광종은 자신의 정책에 반대하는 공신들을 몰아내고, 관리들이 입는 관복의 색깔을 정하여 왕권을 강화하였죠. 그 자신감으로 스스로를 황제라 칭하고 '광덕', '준풍' 같은 독자적 연호를 사용하기도 했어요.

광종이 죽고 그의 아들 경종이 왕위에 올랐는데, 그는 아버지가 강화시킨 왕권을 바탕으로 문무 관료들에게 그 관직의 높고 낮음에 따라 전지(곡식을 생산하는 땅)와 시지(땔나무를 얻을 수 있는 땅)를 나누어주는 전시과 제도*를 실시하였어요.

+ 생각 더하기

노비안검법과 과거제

노비안검법의 실시가 왜 호족세력을 약화시켰을까요? 신라 말 혼란스러운 상황에서 등장한 호족은 스스로 성주 또는 장군이라 칭하며 군사력을 키웠죠. 이후 후삼국 시대를 거치면서 호족들은 주변 지역을 정복하면서 그 지역의 양민들을 멋대로 자신의 노비로 만들었고요. 즉 원래 노비가 아니었는데 시대적 상황 때문에 불법으로 노비가 된 양민들이 많았던 것이죠. 노비는 국가에 세금을 내지 않아요. 대신 주인에게 모든 걸 빼앗기고, 주인이 시키면 주인의 군사가 되기도 하죠. 반면 양민이 되면 국가에 세금을 내고 국가의 군사가 되는 것이고요. 즉 광종은 노비안검법을 통해 호족의 경제적·군사적 기반은 무너뜨리고, 대신 국가 재정을 확보하고 왕권을 강화시키려 했던 것이죠. 그렇다고 이때 노비제도를 폐지한 건 아니에요.

또한 과거제는 유학을 공부한 이들의 능력을 평가하여 관리로 선발하는 제도예요. 임금에 대한 충성을 특히 강조하는 게 유학이고, 그 유학을 공부한 신진 관료들이 왕권을 뒷받침하게 되는 것이죠. 반면 학문적 기반이 약한 호족들은 큰 타격을 받는 것이고요.

1 괄호 안에서 옳은 것을 고르세요.

(가) 광종은 (최승로, 쌍기)의 건의를 받아들여 과거제를 시행하였다.

(나) 광종은 노비안검법을 실시하여 (호족, 진골)세력을 견제하였다.

(다) 경종은 문무 관료에게 전지와 시지를 지급하는 (역분전, 전시과) 제도를 시행하였다.

2 광종은 불법으로 노비가 된 이들을 조사하여 양민으로 해방시키는 ○○○○○을 실시하였다.

3 광종에 대한 설명으로 옳지 <u>않은</u> 것은?

① 훈요 10조를 남겼다.

② 과거제를 시행하였다.

③ 노비안검법을 실시하였다.

④ 광덕, 준풍 등의 연호를 사용하였다.

한능검 기출문제 밑줄 그은 '왕'의 업적으로 옳은 것은? 제58회 기본 12번

왕께서 한림학사 쌍기의 건의를 받아들이셨다고 합니다.

과거 시험을 통해 인재를 선발하기로 했다더군요.

① 훈요 10조를 남겼다.

② 수도를 강화도로 옮겼다.

③ 노비안검법을 시행하였다.

④ 기철 등 친원파를 숙청하였다.

🔍

● **노비안검법**: 노비는 남자 종인 노(奴)와 여자 종인 비(婢)를 합친 말이고, 안검(按檢)은 자세히 살펴서 조사한다는 의미이다. 원래부터 노비였던 이들을 제외하고 양민 가운데 불법으로 노비가 된 이들을 다시 해방시키는 법이다.

● **전시과 제도**: 경종 때 시행한 고려의 토지 제도. 전지는 농사짓는 땅, 시지는 땔나무를 얻을 수 있는 땅을 가리키는데, 관직에 복무한 대가로 문무 관료들에게 관등에 따라 지급한다. 이때 땅의 소유권까지 지급한 것은 아니고, 해당 토지에서 조세(곡식)와 땔나무를 거둘 수 있는 권리(=수조권)를 지급한다. 전시과로 지정된 땅을 경작하는 농민은 수조권을 가진 관리에게 세금을 내는 대신, 국가에는 세금을 내지 않는다.

3 성종, 여러 제도를 완성하다

경종의 뒤를 이어 왕위에 오른 성종은 여러 신하에게 지시를 내렸어요. 그동안 고려 건국 이후에 벌어진 정치의 잘잘못을 따져보고, 그와 함께 새로운 정책을 건의하는 글을 올리게 하였죠. 그때 신라 6두품의 후손이었던 **최승로가 시무 28조**를 성종에게 올려 유교를 정치의 근본으로 삼을 것과 국가 재정을 낭비하는 불교 행사(연등회, 팔관회 등)를 억제할 것, 그리고 사실상 호족들이 통치하고 있던 지방에 왕이 지방관을 파견하여 다스리자는 제안을 하였어요.

성종은 시무 28조에 담긴 최승로의 제안을 과감히 받아들여, 전국에 주요 지역에 **12목을 설치**하고 **지방관을 파견**하기 시작했어요. 그러면서 지방의 호족들을 향리로 편입시키는 향리 제도를 정비했어요. 그리고 유학 교육을 위해 **최고 교육기관인 국자감**을 설치하였고요. **연등회, 팔관회***와 같은 불교 행사도 대폭 축소하였죠.

그리고 성종은 고려의 정치제도를 정비하였는데, 우선 **중앙에 2성 6부 체제를 마련**하였어요. 아울러 도병마사와 식목도감 같은 고려만의 독자적인 정치기구도 만들었죠. 또한 태조 왕건이 설치했던 **흑창을 의창***으로 바꾸어 가난한 백성을 구제하게 하였고요. 이렇게 고려의 여러 가지 제도를 완성한 왕이라서 그가 죽은 뒤 성종이라는 시호가 만들어진 것이죠. 참, 고려는 오랜 기간에 걸쳐 거란, 여진, 몽골, 그리고 홍건적과 왜구의 침략을 차례로 받게 되는데 거란의 첫 번째 침략이 성종 때 나타나요.

[최승로의 시무 28조] 일부

- 지금 보건대 지방의 호족들이 항상 국가의 일이라고 속이고 백성을 수탈하니 백성이 그 명령을 견뎌내지 못하므로 외관(지방관)을 두기를 청합니다.

- 우리나라에서는 봄에는 연등회를 벌이고 겨울에는 팔관회를 개최하는데, 사람을 많이 동원하고 쓸데없는 노동이 많으니, 바라옵건대 그 가감을 살펴서 백성이 힘을 낼 수 있게 해 주소서.

- 불교를 행하는 것은 몸을 닦는 근본이며 유교를 행하는 것은 나라를 다스리는 근원이니, 몸을 닦는 것은 다음 생을 위한 밑천이며 나라를 다스리는 것은 곧 지금의 할 일입니다.

➕ 생각 더하기

시호(諡號)

우리가 알고 있는 태조, 태종, 세종, 성종과 같은 왕의 이름은 왕이 살아있을 때 붙여진 이름이 아니라 그 왕이 죽은 뒤, 그 왕의 업적을 따져서 붙여지는 이름이에요. 그걸 시호라고 해요. 왕조 국가에서 왕은 왕의 자리에 있는 동안 폐하나 전하로 불리지 감히 따로 그 이름을 부를 수 없거든요. 물론 왕자 시절에 부르는 이름은 따로 있죠. 우리 역사에서 가장 널리 알려진 왕이 조선의 세종이죠. 그 세종은 어렸을 때 이름이 이도였고, 대군에 책봉되면서 충녕대군으로 불리다가 왕위에 올랐고, 그가 죽은 뒤에 세종이라는 시호를 받은 거라고 이해하면 되죠. 일반적으로 나라를 세운 왕은 큰 조상이라는 의미로 태조(太祖), 그리고 여러 가지 제도를 완성한 왕은 이룰 성(成)이라는 한자를 써서 성종(成宗)이라고 하였죠. 그래서 고려와 조선 모두 태조와 성종이라는 이름의 왕이 등장하는 거예요. 참, 시호는 왕에게만 붙여지는 것은 아니에요. 왕비나 또 나라의 큰 공신에게도 붙여져요. 충무공 이순신의 충무공이 바로 시호죠.

1 괄호 안에서 옳은 것을 고르세요.

(가) 성종은 (최승로, 최치원)의 건의에 따라 지방에 12목을 설치하고 지방관을 파견하였다.

(나) 성종은 유학 교육을 강화하고자 최고 교육기관인 (태학, 국자감)을 설치하였다.

(다) 성종은 (의창, 흑창)을 설치하여 빈민을 구제하고자 하였다.

2 성종은 ○○○가 올린 시무 28조에 따라 12목을 설치하고, 연등회와 팔관회 등 불교 행사를 억제하였다.

3 고려 성종에 대한 설명으로 옳은 것은?

① 12목을 설치하였다.

② 전시과 제도를 시행하였다.

③ 광덕, 준풍 등의 연호를 사용하였다.

④ 사심관 제도와 기인 제도를 마련하였다.

한능검 기출문제 ▶ 다음 상황 이후에 일어난 사실로 옳은 것은? 제55회 기본 11번

① 상대등이 설치되었다.

② 12목에 지방관이 파견되었다.

③ 쌍기의 건의로 과거제가 실시되었다.

④ 웅천주 도독 김헌창이 반란을 일으켰다.

● **연등회와 팔관회**: 연등회가 불을 밝히고 부처에게 소원을 비는 순수한 불교 행사라면, 팔관회는 토속신앙과 불교가 결합된 행사였다. 특히 팔관회에는 외국 사신이나 상인들의 왕래가 많아 국제 교류가 활발히 이루어졌다.

● **의창**: 고구려의 진대법, 태조 왕건이 설치한 흑창과 마찬가지로 빈민들을 구제하기 위해 봄에 가난한 백성들에게 곡식을 빌려주고 가을 추수가 끝나면 돌려받는 방식으로 운영되었다.

📖 태조 왕건

1. 송악 출신의 호족, 고려 건국, 개경에 도읍을 정함, 후삼국 통일 완성, 훈요 10조 남김.
2. **호족 포용 정책**: 호족의 딸과 혼인, 왕씨 성을 하사, 역분전 지급, 공신 책봉
3. **호족 견제 정책**: 사심관 제도, 기인 제도
4. **북진정책**: 평양을 서경으로 삼음, 발해 유민 포용, 청천강~영흥만 영토 확장
5. **민생 안정**: 흑창 설치

📖 광종

1. **노비안검법 실시**: 불법으로 노비가 된 이들을 해방, 호족세력 견제
2. **과거제 실시**: 쌍기의 건의 수용, 능력에 따른 관리 선발
3. 광덕, 준풍 등의 독자적 연호 사용

📖 성종

1. 최승로의 시무 28조 수용 ➡ 12목 설치(지방관 파견), 불교 행사 억제
2. 2성 6부제 마련, 국자감 설치, 의창 설치

01 (가) 왕에 대한 설명으로 옳은 것은? [제57회 기본 11번]

① 훈요 10조를 남겼다.
② 과거제를 시행하였다.
③ 만권당을 설립하였다.
④ 전시과를 마련하였다.

02 다음 인물 카드 주인공의 업적으로 옳은 것은? [제38회 기본 10번]

(앞면)　　　(뒷면)

・고려를 세움.

・후삼국을 통일함.

・훈요 10조를 남겼다고 전함.

① 북진정책을 추진하였다.
② 웅진으로 도읍을 옮겼다.
③ 노비안검법을 시행하였다.
④ 지방에 12목을 설치하였다.

03 (가)에 들어갈 내용으로 옳은 것은? 제51회 기본 12번

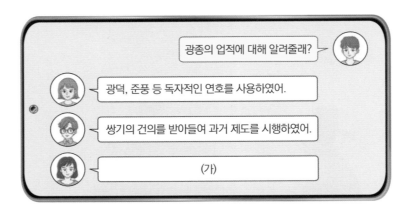

광종의 업적에 대해 알려줄래?

광덕, 준풍 등 독자적인 연호를 사용하였어.

쌍기의 건의를 받아들여 과거 제도를 시행하였어.

(가)

① 훈요 10조를 남겼어.
② 교정도감을 설치하였어.
③ 노비안검법을 실시하였어.
④ 12목에 지방관을 파견하였어.

04 다음 역사 다큐멘터리의 제목으로 가장 적절한 것은? 제48회 기본 11번

노비를 안검하고 조사하여, 불법적으로 노비가 된 자가 있으면 양민으로 돌려놓도록 하시오.

① 광종, 왕권 강화를 도모하다.
② 인종, 서경 천도를 계획하다.
③ 태조, 북진정책을 추진하다.
④ 현종, 지방 제도를 정비하다.

05 (가)에 들어갈 왕의 업적으로 옳은 것은? `제52회 기본 11번`

(앞면)

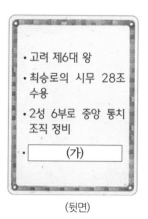

- 고려 제6대 왕
- 최승로의 시무 28조 수용
- 2성 6부로 중앙 통치 조직 정비
- ___(가)___

(뒷면)

① 녹읍 폐지
② 대마도 정벌
③ 지방에 12목 설치
④ 북한산 순수비 건립

06 (가)에 들어갈 왕의 업적으로 옳은 것은? `제50회 기본 15번`

학습 주제

___(가)___, 고려의 통치 체제 마련

시무 28조 수용 / 국자감 정비 / 상평창 설치 / 경학 박사 지방 파견 / 2성 6부제 마련

① 12목 설치
② 집현전 개편
③ 경국대전 편찬
④ 독서삼품과 실시

4 중앙 정치기구와 지방 행정제도

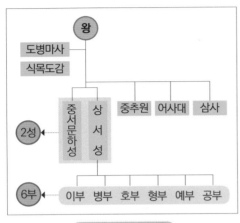

고려의 중앙 정치기구

성종 때 2성 6부제를 바탕으로 하는 중앙의 여러 정치기구가 만들어져요. 먼저 2성 가운데 **중서문하성**은 국가의 주요 정책을 결정하는 최고 관청이었고, 그 장관인 **문하시중**이 국정을 총괄하였죠. **상서성**은 그 아래에 이부, 병부, 호부 등 6부를 두고 정책을 집행하였어요. 그리고 **중추원**은 군사기밀을 다루고 왕의 명령을 신하들에게 전달하였죠. **어사대***는 관리들의 비리를 감찰하고, 정치의 잘잘못을 비판하는 기구였어요. 그리고 **삼사**라는 기구는 나라의 살림살이(국가 재정의 지출)와 관련된 일을 맡아보았죠. 그리고 중서문하성과 중추원의 고위 관료인 재신과 추밀이 국가의 중요한 일을 의논하여 결정하는 임시기구가 있었는데, 그중 국방이나 군사에 관한 일을 맡아본 게 **도병마사***, 법률이나 규칙을 제정하는 일을 맡아본 게 **식목도감**이에요.

다음은 지방 행정제도예요. 고려는 초기에 호족들이 지방을 직접 다스렸죠. 그러다 **성종 때 최승로**의 건의로 전국의 주요 지역에 **12목**을 설치하면서 지방관을 파견하기 시작했고요. 이후 고려는 전국을 5도와 양계, 그리고 경기로 나누어 다스렸어요. 5도는 일반 행정구역으로 안찰사가, 국경지역인 **양계**(북계, 동계)는 군사구역으로 **병마사**가 파견되었어요. 5도 안에 있는 주, 군, 현에도 지방관이 파견되었는데, **지방관이 파견되지 못한 군과 현이 더 많았던 게** 고려예요. 반면 조선은 모든 군과 현에 지방관이 파견되죠.

고려의 지방 행정구역 (5도와 양계)

참, 고려의 지방 행정구역 가운데 특별히 기억할 게 향, 부곡, 소라는 곳이에요. **향, 부곡, 소는 국가로부터 여러 차별을 받는 사람들이 집단적으로 모여 살며 국가의 통제를 받던 곳이에요.** 일반 군과 현에 사는 사람들보다 세금도 많이 내고, 거주 이전의 자유도 없었죠. 어떤 군과 현에서 반역 등이 벌어지면 그 고을을 향, 부곡, 소로 만들어버리고, 반대로 나라에 큰 공을 세우면 군과 현으로 승격시키기도 했어요.

1 괄호 안에서 옳은 것을 고르세요.

(가) 고려의 (중서문하성, 상서성)은 국가의 중요 정책을 결정하는 최고 관청으로 문하 시중이 이끌었다.

(나) 중서문하성과 중추원의 고위 관료들이 모여 국방과 군사에 관한 문제를 논의하던 관청은 (도병마사, 식목도감)이다.

(다) (중추원, 어사대)에서는 관리들의 비리를 감찰하고, 정치의 잘잘못을 비판하였다.

(라) 고려는 전국을 (5경 15부 62주, 5도 양계)로 나누어 통치하였다.

2 고려의 지방 행정제도에 대한 설명으로 옳지 <u>않은</u> 것은?

① 성종 때 12목을 설치하였다.

② 북계와 동계에는 병마사를 파견하였다.

③ 특수 행정구역으로 향, 부곡, 소를 두었다.

④ 모든 군과 현에 지방관을 파견하여 다스렸다.

3 고려는 일반 행정구역인 5도에 ○○○를 파견하였고, 국경지대에 있는 양계에는 ○○○를 파견하였다.

 다음 퀴즈의 정답으로 옳은 것은? 제52회 기본 12번

중서문하성과 중추원의 고위 관료들이 모여 국방과 군사 문제를 논의하던 고려의 정치기구는 무엇일까요?

 ① 삼사　　 ② 어사대　　 ③ 의정부　　 ④ 도병마사

🔍

💡 **어사대**: 암행어사의 어사를 떠올리면 된다. 왕이 임명한 관리들이 비리를 저지르지 못하도록 왕이 비밀리에 관리를 임명하여 관리들을 감독하고 살피게 한 기구가 어사대이다.

💡 **도병마사와 병마사**: 도병마사는 병마사를 통제한다는 뜻. 국경지역에 외적이 침입했을 때 양계의 병마사가 어떻게 대응할 것인지를 중앙에서 결정해준다. 병(兵)은 병사, 마(馬)는 병사들이 타는 말을 뜻한다. 병사와 말을 부리는 사람이 병마사, 그리고 그 병마사를 통제하는 기구가 도병마사라고 이해하면 된다.

5 교육과 과거 제도

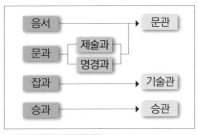

고려의 관리 등용 제도
광종 때 과거제가 실시되었지만, 왕족이나 공신, 5품 이상 고위 관료의 자손은 과거를 거치지 않고 음서를 통해 높은 관직을 차지하였음. 또한 무과는 거의 시행되지 않았고, 전쟁에서 공을 세우거나 무예가 뛰어난 사람을 무관으로 임명하였음.

고려의 교육기관은 과거 제도와 밀접하게 관련이 있어요. 광종 때 쌍기의 건의로 과거제가 처음 실시된 이후, 관리가 되려는 자는 열심히 유학을 공부해야 했고, **성종 때 국자감이라는 고려의 최고 교육기관이 개경에 설립**되고 지방에는 향교가 설치된 것도 국가 차원에서 체계적으로 교육하기 위한 목적이었죠. 한편 국가에서 설립한 이런 교육기관 말고, 관직에서 물러난 학자들이 따로 교육기관을 세우는 경우도 있었어요. **최충*이 세운 9재 학당(문헌공도)**이 대표적인데, 이들 사학 교육기관이 발달하자 국가에서 세운 관학(국자감, 향교)이 쇠퇴하기도 하였죠.

광종 때 시행된 과거제에는 문관을 뽑는 제술과와 명경과, 기술관을 뽑는 잡과, 그리고 불교의 나라답게 승려를 대상으로 실시하는 승과가 있었어요. 특이하게 무관을 뽑는 **무과는 거의 시행되지 않았는데**, 대신 무예가 뛰어나거나 전쟁 등에서 공을 세운 이들을 무관으로 선발하였죠. 그리고 과거 시험에는 천민(노비)만 아니면, 즉 **양인이면 누구나 응시가 가능**했어요. 가난한 농민의 자식도 원하면 과거에 응시할 수 있었죠. 골품제에 따라 모든 게 제한되었던 신라 사회와 다르게 능력을 중시하는 보다 합리적인 사회로 발전하고 있었던 것이죠.

과거제 시행으로 공신이나 고위 관료의 자손들도 과거에 합격하지 못하면 관직에 나아갈 수 없게 되자, 그들을 위한 관리 등용 제도가 만들어져요. 왕족, 공신, 5품 이상 고위 관료의 자손들은 과거를 거치지 않아도 높은 관리로 나아갈 수 있는 길을 만드는데, 그게 바로 음서제였어요.

➕ 생각 더하기

고려의 백정 농민과 향, 부곡, 소
농업사회인 고려에서 전체 인구 가운데 가장 많은 비중을 차지한 것은 농민이에요. 근데 농민은 천민이 아닌 양인이었죠. 그래서 농민은 법적으로 과거 응시가 가능했지만, 가난한 농민의 자손이 오랜 준비를 거쳐서 과거에 응시하는 것은 현실적으로 매우 어려웠어요. 그래서 농민들이 벼슬을 하는 경우는 거의 없었고, 그래서 관직에 나아가지 못한 양인이라는 뜻을 담아 고려 시대에는 농민을 백정(白丁)이라 불렀어요. 그러다가 조선 시대에 소, 돼지 같은 가축을 잡는 도살업자를 백정이라 하였는데, 그때부터 백정은 천민을 일컫는 말이 된 것이죠.
그리고 고려의 특수 행정구역인 향, 부곡, 소의 주민들은 천민이 아니라 양인이에요. 비록 군과 현에 사는 농민들보다 세금도 많이 내고 차별도 많이 받았지만요. 그리고 향과 부곡의 주민들은 농업, 그리고 소의 주민들은 철, 종이 등을 생산하는 수공업에 종사했다는 차이가 있어요.

1 괄호 안에서 옳은 것을 고르세요.

(가) 고려는 성종 때 최고 교육기관인 (국자감, 향교)을/를 개경에 설치하였다.

(나) (김부식, 최충)이 9재 학당을 설립하면서 고려의 사학이 크게 발달하였다.

(다) 고려의 과거제는 (광종, 성종) 때 처음 실시되었다.

2 고려 시대에 왕족, 공신, 5품 이상 고위 관료의 자손들은 과거를 거치지 않아도 ○○○를 통해 높은 관직에 진출할 수 있었다.

3 고려의 과거제에 대한 설명으로 옳은 것은?

① 성종 때 처음 실시되었다.

② 무과는 거의 시행되지 않았다.

③ 최승로의 건의로 처음 시행되었다.

④ 농민은 법적으로 응시가 불가능하였다.

한능검 기출문제 ▶ (가)에 들어갈 제도로 옳은 것은?   제34회 기본 14번

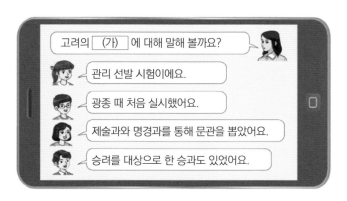

① 골품제   ② 과거제   ③ 양천제   ④ 음서제

● **최충**: 고려 전기의 학자로 중국의 공자에 견줄 만한 인물이라 하여 해동공자라 불리기도 한다.
벼슬에서 물러난 뒤 인재 양성을 위해 9재 학당을 설립하였는데, 수많은 과거 합격자를 배출하여 명성을 떨쳤다. 이때 발달한 사학 교육기관 12개를 묶어 사학 12도라 칭하기도 한다. 그가 죽은 뒤 국가에서 문헌공이라는 시호를 내리자 9재 학당을 '문헌공도'라 고도 한다. 한편 이렇게 사학이 발달하고 관학이 쇠퇴하자, 고려 정부는 관학인 국자감에 '7재'라는 전문강좌를 두고, '양현고'라는 장학기금을 마련하여 관학을 다시 발달시키려 했다.

6 농민 생활의 안정을 위한 여러 사회제도

경남 사천 흥사리 매향비
────────
농민들이 미륵세계에 태어날 것과
나라의 평안을 빌며 향나무를 묻
고 세운 비석

고려는 농업 중심의 국가예요. 농민들의 생활이 안정되어야 나라도 안정되는 것이죠. 그래서 **태조 왕건 때 설치한 흑창**에서 많은 곡식을 보관하고 있다가 가난한 백성들에게 봄에 곡식을 빌려주고, 가을에 돌려받는 방식으로 백성들의 생활을 안정시키려 했었죠. 그 흑창이 **성종 때 의창**으로 바뀌었죠. 또한 성종 때 **상평창***이라는 기구를 두어 물가를 조절하였어요.

그리고 **제위보***를 두어 빈민을 구제하게 하였고, 아픈 사람을 치료하는 의료기관으로 동·서 대비원, 가난한 사람에게 약을 나눠주는 혜민국도 있었죠.

고려는 불교의 나라였어요. 가난한 백성들이 죽은 뒤에 미륵불이 다스리는 세계에 가고 싶다는 바람을 담아 향나무를 강이나 바닷가에 묻는 풍습이 유행했는데, 그걸 매향이라 했죠. 그 매향의 풍습을 함께 실천하는 조직이 향도예요. **처음에 향도는 매향을 하거나 절을 짓고 탑을 만드는 일을 주로 했는데, 고려 후기에는** 이웃이 장례를 치르는 등 어려운 일을 겪을 때 함께 거들어주는 **농촌 공동체 조직**으로 바뀌어 갔죠.

그리고 고려는 가족 내에서 **남성과 여성의 지위가 매우 평등**했어요. 부모의 재산을 아들과 딸이 균등하게 상속하였고, 제사도 아들과 딸이 번갈아 모셨죠. 여성도 호주가 될 수 있었으며, 호적에도 아들과 딸을 차별하지 않고, 태어난 순서대로 기록하였어요. 아들이 없다고 양자를 들이는 일도 거의 없었어요. 여성에 대한 차별이 본격적으로 나타나기 시작한 것은 조선 후기부터죠.

➕ 생각 더하기

나라가 빈민을 구제하려는 이유

고구려 진대법을 시작으로 고려의 흑창, 의창, 제위보 그리고 조선의 환곡제 등 우리 역사에서는 가난한 백성들을 구제하는 여러 제도가 줄곧 실시됐어요. 왜 그랬을까요? 만약 백성들의 죽음을 국가가 팽개치면, 당장 국가의 손실이 커지겠죠? 죽어가는 백성들 대부분은 가난한 농민들이고, 농민들이 죽어가면 농사짓는 사람들이 줄어 국가의 세금 수입이 줄어들거든요. 그

리고 당장 굶어 죽을 처지는 아니지만 그런 상황을 지켜보는 사람들은 국가가 왜 존재하는지 의문을 갖게 되고, 국가에 대한 불만이 커지게 되죠. 그럼 그 나라는 오래 유지되지 못하는 것이고요. 어려움에 처한 백성들을 국가가 모른 체 하지 않고, 필요할 때 도움을 주게 되면 백성들은 국가를 믿게 되겠죠? 나라가, 또 왕이 백성을 자식처럼 돌보고 있다는 느낌을 확실하게 심어주려는 것이죠.

1 괄호 안에서 옳은 것을 고르세요.

(가) 성종은 (의창, 흑창)을 설치하여 백성들에게 곡식을 빌려주고 가을에 돌려받았다.

(나) 고려는 물가 조절 기관으로 (상평창, 제위보)을/를 설치하여 운영하였다.

(다) 매향의 풍습을 수행하는 (향교, 향도)는 불교 신앙과 관련된 조직에서 농촌 공동체 조직으로 바뀌어 갔다.

2 고려의 ○○○은 풍년 때 곡식을 사들이고, 흉년 때 곡식을 싸게 내다 팔아 물가를 조절하는 기구였다.

3 고려의 의창에 대한 설명으로 옳은 것은?

① 매향의 풍습을 수행하였다.

② 관리들의 비리를 감찰하였다.

③ 물가를 조절하는 기능을 담당하였다.

④ 봄에 곡식을 빌려주고 가을에 돌려받았다.

한능검 기출문제 (가)에 들어갈 기구로 옳은 것은? 제58회 기본 18번

이번에 새로운 기구로 (가) 이/가 설치됩니다. 개경과 서경 및 12목에 설치될 예정으로, 풍년에는 곡물을 사들이고 흉년에는 곡물을 풀어 물가를 조절하는 기능을 하게 됩니다.

개경과 서경 등에 물가 조절 기구 설치

① 중방　　　② 상평창　　　③ 어사대　　　④ 식목도감

🔍

💡 **상평창**: 상(常)은 항상, 평(平)은 평평하게 유지한다는 뜻이며 창(倉)은 곡식을 보관하는 창고를 뜻한다. 참고로 의창은 의로운 목적으로 설치된 창고를 뜻한다. 풍년이 들어 곡식 가격이 낮아졌을 때 국가가 곡식을 사들였다가 흉년이 들어 곡식 가격이 크게 올랐을 때 싸게 파는 방식으로 물가를 안정시켰다.

💡 **제위보**: 제(濟)는 구제한다. 위(危)는 위기, 위태로움을 뜻하며, 보(寶)는 보물, 재물을 의미한다. 보는 오늘날 문화재단, 장학재단처럼 기금을 모은 뒤, 그 기금을 빌려주고 받은 이자를 사사로운 목적이 아니라 공익을 위해서 사용하는 기구이다. 가난한 사람을 구하는 일을 하는 보를 제위보, 팔관회를 개최할 때 필요한 경비를 마련하는 보를 팔관보라 한다.

📖 고려의 중앙 정치기구

2성	중서문하성(문하시중)과 상서성	
6부	상서성 아래에 설치(이부, 호부, 병부 등)	
중추원	군사기밀, 왕명출납	
어사대	관리들의 비리 감찰, 정치의 잘잘못 비판	
삼사	곡식, 화폐의 출납	조선의 삼사와 다름.
도병마사	국방, 군사	중서문하성과 중추원의 고위 관료가 참여
식목도감	법률, 규칙	

📖 고려의 지방행정

❶ 성종 때 12목을 설치하며 지방관을 처음 파견
❷ 전국을 5도(안찰사)와 양계(병마사)로 나눔.
❸ 지방관이 파견되지 않은 군과 현이 많음.
❹ **특수 행정구역**: 향, 부곡, 소

📖 교육기관

❶ **국자감**: 성종 때 설치한 최고 교육기관(향교는 지방 교육기관)
❷ **사학의 발달**: 최충이 설치한 9재 학당 등 사학 12도 융성

📖 관리선발 제도

❶ 광종 때 과거제가 처음 실시
❷ **음서제**: 왕족, 공신, 5품 이상 관료의 자손이 과거를 거치지 않고 관직에 진출

📖 사회제도

흑창	태조 왕건 설치	고구려의 진대법 계승, 봄에 곡식을 빌려주고 가을에 돌려받음(춘대추납).
의창	성종 설치	
상평창	물가 조절 기관	
제위보	빈민 구제 기관, 기금을 모아 이자로 운영	
향도	매향의 풍습, 불교 신앙조직에서 농촌 공동체 조직으로 발달	

01 (가)에 들어갈 기구로 옳은 것은? 제48회 기본 13번

(가) 에 대해 검색해 줘.

검색 결과입니다.

고려 시대의 중앙 정치기구로 관리들의 비리를 감찰하고 정치의 잘잘못을 논하였다. 이 기구의 관원은 중서문하성의 낭사와 함께 대간으로 불렸다.

① 어사대   ② 의정부   ③ 중추원   ④ 도병마사

02 다음 주제에 대한 학생들의 대화로 옳지 <u>않은</u> 것은? 제36회 기본 11번

주제: 고려의 지방 행정 제도

① 5도와 양계를 두었어.

② 각 도에 안찰사를 보냈지.

③ 주요 지역에 5소경을 설치했어.

④ 특수 행정구역으로 향·부곡·소가 있었지.

03 다음 상황이 있었던 국가의 지방 제도에 대한 설명으로 옳은 것은? 〔제54회 기본 13번〕

> ○ 공주 명학소의 망이·망소이 등이 무리를 모아서 봉기하자, 명학소를 충순현으로 승격하여 그들을 달래고자 하였다.
>
> ○ 사신을 따라 원에 간 유청신이 통역을 잘하였으므로, 그 공을 인정하여 그의 출신지인 고이부곡을 고흥현으로 승격하였다.

① 전국을 8도로 나누었다.
② 22담로에 왕족을 파견하였다.
③ 주요 지역에 5소경을 설치하였다.
④ 군사 행정구역으로 양계를 두었다.

04 다음 퀴즈의 정답으로 옳은 것은? 〔제48회 기본 15번〕

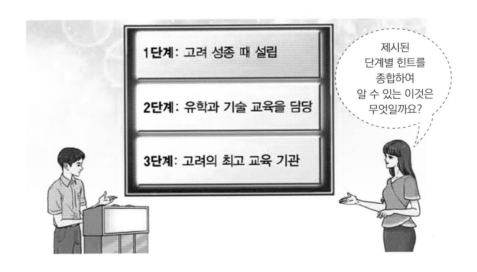

① 경당
③ 국자감
② 향교
④ 주자감

05 교사의 질문에 대한 학생위 답변으로 옳지 <u>않은</u> 것은? 제54회 기본 17번

06 (가)에 들어갈 정치 기구로 옳은 것은? 제46회 중급 14번

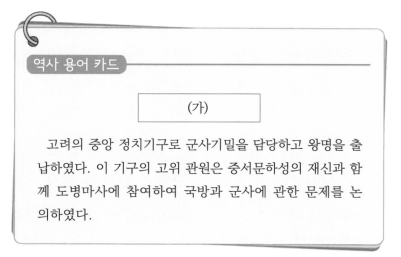

① 사헌부   ② 승정원   ③ 정당성

④ 중추원   ⑤ 집사부

PART

II

신라보다 더 나은 나라, 백성들의 삶을 보살피는 나라를 꿈꾸었던 고려. 하지만 시간이 흐르자 그 첫 마음은 희미해지고, 지배층 간의 치열한 권력다툼이 본격적으로 벌어지기 시작했어요. 이 단원에서는 이자겸의 난, 묘청의 서경천도운동, 그리고 무신정변으로 이어지는 고려의 정치 변화를 살펴보려 해요. 이 사건들이 고려사회에 끼친 영향은 무엇이었는지, 그 사건들을 지켜보던 대다수 고려인의 생각은 어떠했을지도 함께 생각하면서요.

그리고 고려 초부터 거란, 여진, 몽골 등의 외세가 고려를 여러 차례 침략했는데, 그 이야기도 살펴보려 해요. 고려는 정말 끊임없이 외세의 침략에 시달렸어요. 고려가 그런 외세의 침략을 어떻게 막아냈는지 살펴볼 거예요. 외세의 침략을 막아내는 과정에서 당시 대다수 고려인이 겪었을 고통의 크기가 어떠했을지도 함께 헤아려 본다면 더욱 의미가 있을 거예요.

고려사회의 동요와 대외관계

이자겸의 난과 묘청의 서경천도운동

고려 건국과 후삼국 통일에 주도적 역할을 했던 호족, 그들이 공신이 되어 높은 관직을 독차지했었죠. 그 후 비록 광종 때 과거제가 실시되었지만, 그들의 후손들은 과거시험에 떨어져도 **음서**를 통해 높은 관직을 세습하면서 문벌을 형성하였어요. 문벌은 자신들의 권력을 자손 대대로 이어가기 위해 왕실이나 다른 문벌과 혼인 관계를 맺고 세력을 확대했어요. 또한 문벌은 죽은 뒤에도 국가에 반납하지 않고 자손에게 세습할 수 있는 토지인 **공음전***을 지급받아 경제적으로도 막강한 힘을 유지하였어요. 호족의 뒤를 이어 문벌이 고려의 새로운 지배세력이 된 것이지요.

이런 문벌 가운데 오랜 기간 왕실과 거듭 혼인 관계를 맺으면서 가장 잘 나가던 문벌이 경원 이(李)씨 가문이었어요. 특히 이자겸은 자신의 딸들을 예종과 그의 아들인 인종의 왕비로 만들면서, 나는 새도 떨어뜨릴 만큼 권력이 막강했어요. 이에 위기감을 느낀 인종이 자신의 장인이자 외할아버지인 이자겸을 제거하려 하자, **이자겸은 척준경과 함께 난을 일으켜 모든 권력을 차지했어요.** 이자겸은 여진족이 세운 금나라가 고려에 금을 섬기라는 사대를 요구하자 그 **요구를 수용**하였고 나아가 인종을 제거하려 하였죠. 그때 인종이 이자겸과 척준경의 사이를 갈라놓는 데 성공하면서 척준경이 이자겸을 제거하였고요.

이자겸의 난을 겪은 뒤, 인종은 **정지상과 승려 묘청 등 서경 출신의 개혁세력**을 대거 등용했어요. 묘청 등은 서경으로 도읍을 옮길 것, 금을 정벌할 것, 그리고 **황제라는 칭호와 연호를 사용할 것(칭제 건원)***을 주장하죠. 인종이 이를 받아들이면서 서경에 대화궁을 짓는 등 서경 천도를 위한 작업이 진행되었죠. 하지만 **김부식 등 개경의 귀족세력이 이를 반대**하자 인종이 천도를 망설였어요. 그러자 **묘청 등은 서경에서 나라 이름을 대위국, 연호를 천개라 정하고 난을 일으켰어요.** 그러나 김부식이 이끄는 관군의 공격으로 1년여 만에 결국 진압되었죠.

➕ 생각 더하기

묘청의 서경천도운동

스스로 고구려를 계승한 나라임을 분명히 한 고려는 초기에 거란의 거듭된 침략을 물리치고, 뒤를 이어 고려를 압박하던 여진을 몰아내고 동북 9성을 쌓는 등 주변 국가의 침략에 대해 자주적인 태도를 취하였어요. 하지만 난을 일으켜 권력을 장악한 이자겸이 금의 사대 요구를 허무하게 수용하자 이에 대한 비판이 커졌고, 이자겸 몰락 이후 새롭게 성장한 서경 세력은 풍수지리설을 앞세워 서경(평양)으로 도읍을 옮기면 고려가 고구려처럼 강성해질 거라 주장한 것이지요. 묘청의 서경천도운동은 고려를 자주적인 국가로 만들려는 움직임이었죠. 그래서 훗날 일제 강점기 독립운동가이자 역사가였던 신채호는 묘청의 서경천도운동이 고려와 조선을 아우르는 "1천 년의 역사에서 가장 큰 사건"이었다고 평가하며 그 실패를 안타까워했어요. 이게 성공했다면 우리의 역사가 더 자주적이고 바람직한 방향으로 흘러갔을 거란 의미였죠. 참고로 관군을 이끌고 묘청의 서경천도운동을 진압한 김부식은 이후 '삼국사기'라는 역사책 편찬을 주도하였어요.

1 괄호 안에서 옳은 것을 고르세요.

(가) 척준경과 함께 난을 일으킨 (묘청, 이자겸)은 금의 사대 요구를 수용하였다.

(나) (묘청, 김부식)은 서경에 대위국을 세우고 연호를 천개라 하며 난을 일으켰다.

(다) (김부식, 척준경)은 관군을 이끌고 묘청의 난을 진압하였다.

2 묘청의 서경천도운동에 대한 설명으로 옳지 <u>않은</u> 것은?

① 금을 섬기자고 주장하였다.

② 서경으로 도읍을 옮기고자 하였다.

③ 김부식이 이끈 관군에게 진압되었다.

④ 황제라 칭할 것과 연호를 사용할 것을 주장하였다.

3 서경으로 천도할 것, 금을 정벌할 것 등을 주장하며 서경천도운동을 이끈 승려는 ○○이다.

 다음 가상 인터뷰에 나타난 사건으로 옳은 것은? 제54회 기본 12번

① 묘청의 난
② 김흠돌의 난
③ 홍경래의 난
④ 원종과 애노의 난

- **공음전**: 관리들에게 지급하는 전시과는 관직에서 물러나거나 죽으면 국가에 반납하는 게 원칙이었다. 하지만 5품 이상의 관리들에게 지급하는 공음전은 죽은 뒤에도 국가에 반납하지 않고 자손에게 세습할 수 있었다. 그래서 음서와 함께 공음전은 문벌의 중요한 기반이 되었다 .
- **칭제 건원**: 칭제는 황제라 칭하는 것, 건원은 연호를 세운다는 의미이다. 고려가 주변 나라의 간섭이나 눈치를 받지 않는 자주적 국가라는 것을 알리는 의미를 가진다.

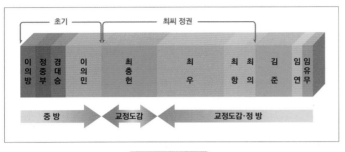

무신정권의 변천

이자겸의 난, 묘청의 서경천도운동을 거치면서 고려사회는 혼란에 빠지고 왕권은 크게 약화되었어요. 그 분위기에서 문신들은 권력을 독점하면서 무신들을 차별하였어요. 심지어 나이 어린 문신들이 나이 많은 무신의 수염을 불태우거나 뺨을 때리는 일도 벌어졌어요. 결국 의종 때 참다못한 **정중부, 이의방** 등 무신들이 정변을 일으켜 많은 문신들을 제거하고 권력을 차지했는데 이를 **무신정변(1170)**이라고 하죠.

무신정변 이후 처음에는 무신들의 회의기구였던 **중방***이 최고 권력기구가 되었어요. 하지만 20여 년 동안 이의방, 정중부, 경대승, 이의민, 최충헌 이렇게 숨 가쁘게 최고 권력자가 바뀔 만큼 권력 다툼이 치열했어요. 그래서 이의민을 제거하고 권력을 차지한 **최충헌은 교정도감*****이라는 기구를 새로 설치하여 모든 권력을 장악**하였고, 자신의 사병 조직으로 **도방*****을 크게 확대**하면서 군사권을 완전히 장악하였어요. 그러면서 최충헌과 그의 자손들이 4대에 걸쳐 60여 년 동안 모든 권력을 장악하는데, 이걸 최씨 무신정권이라 부르죠.

최충헌이 죽자 그의 아들인 **최우**는 자신의 집에 **정방**을 설치하여 관리들의 인사행정을 담당하게 하였고, 군사기구로 **삼별초*****를 만들어 정권을 유지**하였어요. 그리고 몽골의 침략이 시작되자 최우는 개경을 버리고 강화도로 도읍을 옮기죠(강화 천도). 이후 최씨 무신정권이 무너지게 되고 다른 무신들이 권력을 잠시 이어가요. 하지만 결국 고려가 몽골에게 항복하고 개경으로 환도(1270)하면서 무신정권도 끝이 나게 되죠.

➕ **생각 더하기**

문신과 무신의 갈등

광종 때 과거제가 실시되면서 유교적 소양과 학문적 능력을 갖춘 문신들이 우대받는 데 비해, 무신들은 점점 차별을 받기 시작했어요. 거란의 침략, 여진의 압박 등 고려가 위기에 처했을 때 전쟁터에 나가 목숨을 걸고 싸우는 것은 무술을 연마한 무신(군인)들인데, 그런 무신들을 지휘하며 전쟁을 이끄는 최고 관직은 모두 문신들이 차지했어요. 대표적인 게 서희, 강감찬, 윤관 같은 이들이죠. 결국 전쟁에서 승리해도 그 영광은 모두 문신들이 독차지했고, 무신들은 불만이 쌓여갔어요. 그런 상황에서 이자겸의 난, 묘청의 난 등이 터지는데, 그것은 문신 출신의 문벌 사이의 갈등이기도 하거든요. 그런 상황을 지켜보면서 불만을 키워가던 무신들이 무신정변을 일으켜 문신들을 제거하고 권력을 독차지한 것이죠. 고려가 호족, 문벌의 시대를 지나 무신의 시대로 바뀌는 순간이에요.

1 괄호 안에서 옳은 것을 고르세요.

(가) 최충헌은 (중방, 교정도감)을 설치하여 최고 권력기구로 삼았다.

(나) (최충헌, 최우)는 자신의 집에 정방을 설치하고 관리들의 인사 행정을 장악하였다.

(다) 정중부, 경대승 등은 무신들의 회의 기구인 (중방, 정방)을 통해 권력을 행사하였다.

2 다음 사건들을 일어난 순서대로 나열하세요. (　　) → (　　) → (　　)

(가) 무신정변　　　　　 (나) 이자겸의 난　　　 (다) 묘청의 서경천도운동

3 이의민을 제거하고 권력을 장악한 뒤 교정도감을 설치하여 권력을 행사한 이는 ○○○이다.

4 최우에 대한 설명으로 옳지 <u>않은</u> 것은?

① 교정도감을 설치하였다.

② 군사기구로 삼별초를 두었다.

③ 자신의 집에 정방을 설치하였다.

④ 몽골이 고려를 침략하자 강화도로 도읍을 옮겼다.

한능검 기출문제 다음 만화 장면에 해당하는 사건으로 옳은 것은? 제42회 기본 20번

① 갑신정변 　　　　　　　　② 무신정변

③ 원종과 애노의 난 　　　　 ④ 망이·망소이의 난

● **중방**: 고려의 중앙군인 2군 6위의 장군들이 모여 군사 문제를 논의하던 회의 기구. 무신정권 초기 최고 권력기구가 되었다.

● **교정도감**: 최충헌이 설치한 최씨 무신정권의 최고 권력기구. 이 기구의 최고 관직인 교정별감을 최충헌, 최우 등이 차지하여 권력을 행사했다.

● **도방**: 경대승이 설치했다 폐지된 사병기구. 최충헌이 권력을 장악한 뒤 이를 부활하여 확대하였다.

● **삼별초**: 좌별초, 우별초, 신의별초로 구성되었으며 수도인 개경의 치안을 담당하면서 동시에 최씨 무신정권의 호위 부대 역할을 한다. 훗날 고려가 몽골에게 항복하고 개경으로 환도하려 하자 그에 반대하며 강화도에서 진도, 제주도로 옮겨가며 항쟁을 계속했다.

9 무신정권 시기 농민과 천민의 봉기

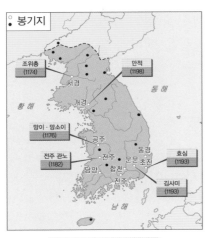

무신정권 시기 주요 봉기

문벌의 권력 독점과 부패, 그리고 무신에 대한 차별에 맞서 정변을 일으킨 무신들. 하지만 무신정권이 성립된 뒤 고려사회는 이전보다 나아지기는커녕 오히려 혼란만 깊어졌어요. 그동안 문벌들이 왕의 눈치라도 살피면서 횡포를 일삼았다면, 무신들은 왕의 눈치 따위는 신경도 쓰지 않았거든요. 무신들의 끊임없는 권력 다툼과 토지약탈 등으로 나라는 점점 기울고, 농민들의 삶은 더욱더 힘들어져 갔죠.

무신정권 초기에 무신들을 몰아내겠다면서 **조위총**이 서경에서 난을 일으켰을 때, 많은 농민이 거기에 힘을 합친 것도 어쩌면 힘든 삶을 벗어나 사람답게 살고 싶었던 당시 농민들의 바람 때문이었을 거예요. 특히 천민 출신인 이의민이 최고 권력자가 되는 걸 보면서 신분 차별에서 벗어나려는 의식이 농민과 천민, 즉 피지배층 사이에 널리 확산되기도 하였고요.

그래서 무신정권 시기에 농민과 천민의 봉기가 아주 많이 일어나요. 공주 **명학소***에서는 **망이, 망소이 형제**가 지나친 수취에 반발하며 봉기했어요. 경상도의 운문과 초전에서는 **김사미**와 **효심**이 각각 봉기를 일으켰고요. 그리고 **전주**에서는 관청에 소속된 **노비**들이 봉기하였어요. 특히 최충헌이 권력을 장악한 이후 **개경**에서는 **노비 만적**이 신분 해방을 목표로 봉기하려다 실패하였죠.

➕ 생각 더하기

망이, 망소이의 봉기

고려의 특수 행정구역인 향, 부곡, 소 기억나죠? 바로 그 소 가운데 하나인 공주의 명학소, 그곳에서 망이와 망소이 형제가 중심이 되어 1176년 일으킨 봉기를 '망이·망소이의 난', 또는 지명을 따서 '공주 명학소의 난'이라고도 불러요. 향, 부곡, 소의 주민들은 일반 군과 현에 사는 주민들에 비해 여러 가지 차별을 받았어요. 원하는 곳으로 거주지를 옮길 수 있는 거주 이전의 자유도 없었고, 일반 군과 현보다 세금도 가혹했고 관리들의 수탈도 매우

심했죠. 특히 무신정변 이후 무신 출신의 관리들이나 무신들의 보호를 받는 관리들이 멋대로 수탈을 해나갔죠. 그 수탈을 견디다 못해 망이와 망소이 형제가 공주 명학소에서 봉기를 일으켰어요. 그러자 고려 정부는 공주 명학소를 일반 군현인 충순현으로 승격시키면서 달래보려 하였지만, 봉기가 계속되자 군대를 보내 봉기를 진압했어요. 참고로 그때 무신정권 최고 권력자는 정중부였죠.

1 괄호 안에서 옳은 것을 고르세요.

(가) 무신정권에 반대하면서 (김헌창, 조위총)은 서경에서 봉기하였다.

(나) 무신정권 시기 공주 명학소에서는 (망이와 망소이, 김사미와 효심)이/가 봉기하였다.

(다) 무신정권 시기 (서경, 개경)에서는 노비인 만적이 신분 해방을 외치며 봉기하려다 실패하였다.

2 최충헌이 권력을 차지한 뒤 노비인 ○○이 신분 해방을 목표로 봉기하려다 실패하였다.

3 다음 중 무신정권 시기 일어난 봉기가 <u>아닌</u> 것은?

① 만적의 난　　　　　　　　② 조위총의 난

③ 원종과 애노의 난　　　　　④ 망이·망소이의 난

 다음 두 사건의 공통점으로 옳은 것은?　제46회 기본 14번

망이·망소이의 난　　　만적의 난

① 전주성을 점령하였다.

② 서경 천도를 주장하였다.

③ 무신 집권기에 발생하였다.

④ 청의 군대에 의해 진압되었다.

 공주 명학소: 금공주는 오늘날 충남 공주지역이다. 성종 때 최승로의 건의에 따라 12목을 설치할 때 충청도 지역에 공주목이 설치됐다. 명학소는 공주목에서 관리하는 여러 행정구역 가운데 하나로 특수 행정구역인 소(所)였다. 참고로 오늘날 경기도 용인지역은 향, 부곡, 소 가운데 부곡이었고, 그래서 고려 시대에는 처인부곡이라 하였다. 처인부곡에서는 몽골의 침략 때 김윤후의 지휘 아래 처인부곡의 주민들이 처인성에서 몽골군을 상대로 승리를 거두었는데, 그것을 처인성 전투라 한다.

핵심정리

📖 문벌의 형성

호족과 6두품 출신의 공신

➡ 음서와 공음전의 혜택을 누리며 문벌 형성
➡ 왕실 및 다른 문벌과 혼인관계를 통해 권력 독점

📖 이자겸의 난

① **배경**: 경원 이씨 가문이 여러 대에 걸쳐 왕실과 혼인 ➡ 이자겸 때 권력 최강 ➡ 인종이 견제
② **전개**: 이자겸이 척준경과 함께 난을 일으켜 권력 장악 ➡ 금의 사대 요구 수용 ➡ 척준경이 이자겸 제거

📖 묘청의 서경천도운동

① **배경**: 이자겸의 난 이후 인종이 개혁을 위해 정지상, 묘청 등 서경 세력을 등용
② **전개**: 묘청이 풍수지리설을 앞세워 서경 천도, 금국 정벌, 칭제 건원 주장 ➡ 서경에 대화궁을 세우며 천도를 본격화 ➡ 개경 세력의 반발로 중단 ➡ 묘청이 난을 일으킴 ➡ 김부식이 관군을 이끌고 진압

📖 무신정권

① **초기**: 이의방, 정중부 등이 무신정변을 일으켜 권력 장악 ➡ 중방을 통해 권력 행사
② **최씨 무신정권**: 최충헌이 이의민을 제거하고 권력 장악 ➡ 교정도감을 설치하여 권력 행사 ➡ 최우는 정방과 삼별초를 설치

📖 무신정권 시기 농민과 천민의 봉기

① **조위총의 난**: 문신인 조위총이 무신정권에 반대하며 서경에서 봉기
② **망이·망소이의 난**: 공주 명학소에서 일어남.
③ **만적의 난**: 개경에서 노비 만적이 일으키려다 실패
④ **기타**: 김사미와 효심의 난, 전주 관노의 난 등

01 다음 상황이 일어난 시기를 연표에서 옳게 고른 것은? 제58회 기본 14번

① (가)   ② (나)   ③ (다)   ④ (라)

02 (가) 인물에 대한 설명으로 옳은 것은? 제36회 기본 11번

① 삼국사기를 편찬하였다.
② 금국 정벌을 주장하였다.
③ 화약 무기를 개발하였다.
④ 고려에 성리학을 소개하였다.

한국사능력검정시험 도전하기

03 (가) 시기에 있었던 사실로 옳은 것은? 제48회 기본 14번

① 김헌창이 난을 일으켰다.
② 최우가 정방을 설치하였다.
③ 묘청이 금 정벌을 주장하였다.
④ 서희가 강동 6주를 획득하였다.

04 (가) 시기에 있었던 사실로 옳은 것은? 제55회 기본 14번

① 이자겸이 난을 일으켰다.
② 묘청이 서경 천도를 주장하였다.
③ 만적이 개경에서 봉기를 모의하였다.
④ 강감찬이 귀주에서 큰 승리를 거두었다.

05 다음 장면에 해당하는 사건으로 옳은 것은? 〔제41회 기본 14번〕

① 만적의 난

③ 망이 · 망소이의 난

② 묘청의 난

④ 원종과 애노의 난

06 다음 퀴즈의 정답으로 옳은 것은? 〔60회 기본 16번〕

① 중방

③ 도병마사

② 교정도감

④ 식목도감

10 거란의 침략을 물리치고 천리장성을 쌓다

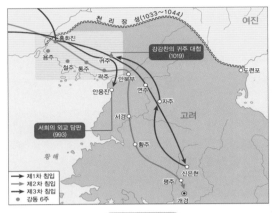

거란의 침입

고려가 후삼국을 통일하던 시기, 중국은 당 멸망 이후 5대 10국의 분열기를 거치고 있었어요. 그런 중국을 다시 통일한 게 송나라였죠. 그 송과 고려 사이에 거란이 있었어요. 송은 거란이 점점 세력을 키워나가자 거란을 견제하기 위해 고려를 가까이했죠. 그러자 송에 대한 공격을 준비하던 거란이 고려를 먼저 침략했어요(1차 침입). 송과 고려의 관계를 끊어놓고 마음껏 송을 공격하자는 의도였죠. 그때 거란의 의도를 알아챈 **서희**가 거란의 장수인 소손녕과 외교담판을 벌였어요. 고려가 송과 국교를 끊고 거란과 국교를 맺는 대신, 고려는 압록강 동쪽의 **강동 6주**를 고려의 **영토**로 확보하게 되죠. 이때가 성종 때예요.

하지만 이후 거란은 **강조의 정변***을 구실로 다시 고려를 침략했어요(2차 침입). 이때 개경이 함락되고 왕(현종)이 나주까지 도망가기도 했죠. 우여곡절 끝에 고려와 거란은 전쟁을 멈추기로 합의하였죠. 참고로 거란의 2차 침입 때 고려의 장수인 **양규가 크게 활약**을 했어요. 이후 고려가 거란과 외교 관계를 끊고 송을 다시 가까이하자, 거란이 **3번째 침략**을 해왔어요. 그때 **강감찬***이 이끈 고려군이 강동 6주의 하나인 귀주에서 큰 승리를 거두면서 거란군을 물리쳤죠(귀주대첩).

한편, 고려는 **거란의 침입**을 겪으면서 부처의 힘을 빌려 거란을 물리친다는 염원을 담아 **초조대장경***을 만들었어요. 그리고 거란의 3차 침입을 막아낸 후, 거란과 여진의 침략에 대비하기 위해 압록강에서 도련포에 이르는 지역에 **천리장성을 쌓았죠**. 또한 개경 주위에 나성을 쌓기도 했어요.

➕ 생각 더하기

거란의 침입과 고려의 대응

고려의 역사는 거듭되는 외세의 침략을 물리친 역사이기도 해요. 거란, 여진, 몽골, 그리고 홍건적과 왜구까지. 그 가운데 처음 고려를 침입한 것은 거란이에요. 거란은 발해를 멸망시킨 나라였죠. 거란이 고려에 사신을 보내 가까이 지내려 했으나, 태조 왕건이 이를 거절하면서 낙타를 만부교 아래에서 굶겨 죽였다는 얘기도 기억나죠? 당시 거란은 송을 침략하여 중국 대륙을 차지하는 게 목표였어요. 거란이 송을 마음껏 침략하고 싶은

데 송과 가까운 관계를 유지하는 고려가 마음에 걸린 거죠. 그래서 먼저 고려를 공격한 거예요. 그걸 알아챈 서희의 활약으로 거란의 1차 침입 때 고려는 강동 6주를 확보할 수 있었고요. 거란의 요구는 한결같아요. 고려가 송과 관계를 끊을 것, 그리고 고려의 왕이 거란의 왕을 섬기고 예를 갖추라는 것이었죠. 거란의 침입과정은 흐름으로 정리를 해두세요. 서희의 외교담판(강동 6주 확보) → 양규의 활약 → 강감찬의 귀주대첩 → 천리장성 축조. 이렇게요.

1 괄호 안에서 옳은 것을 고르세요.

(가) 거란은 (당, 송)과 고려의 관계를 끊고자 고려를 침략하였다.
(나) 거란의 1차 침입 때 (서희, 양규)는 외교담판을 통해 강동 6주를 확보하였다.
(다) 거란의 3차 침입 때 (강감찬, 윤관)은 귀주에서 거란군을 격파하였다.

2 거란의 1차 침입 때 고려는 서희의 외교담판을 통해 ○○ 6주를 확보하였다.

3 거란의 침입과 관련하여 있었던 사실이 <u>아닌</u> 것은?

① 초조대장경을 제작하였다.
② 서희가 강동 6주를 확보하였다.
③ 황룡사 9층 목탑을 건립하였다.
④ 강감찬이 귀주대첩을 통해 거란군을 물리쳤다.

한능검 기출문제 **(가) 인물의 활동으로 옳은 것은?**　제55회 기본 13번

① 강동 6주를 확보하였다.
② 동북 9성을 축조하였다.
③ 화통도감을 설치하였다.
④ 4군과 6진을 개척하였다.

● **강조의 정변**: 신하인 강조가 목종을 폐위시키고 현종을 왕위에 앉힌 사건. 신하가 임금을 죽인 것을 용서할 수 없다며 이걸 구실삼아 거란이 고려를 침략했다(2차 침입).
● **강감찬**: 거란의 3차 침입 때 귀주대첩을 승리로 이끌었다. 서울 관악구 봉천동에 '낙성대'라는 사당이 있는데, 강감찬이 태어날 때 하늘에서 별이 떨어졌고, 그 별이 떨어진 곳에 낙성대라는 사당을 지은 것이라 전해진다.
● **초조대장경**: 고려 현종 때 부처의 힘을 빌려 거란의 침입을 물리치고자 만든 우리나라 최초의 대장경, 초조는 처음 만들었단 의미, 대장경은 여러 불교 경전을 모아 집대성했다는 의미이다. 그 판목을 대구 부인사에 보관하다가 몽골의 침입 때 불탔다.

여진을 몰아내고 동북 9성을 쌓다

척경입비도
윤관이 별무반을 이끌고 여진을 정벌한 뒤 동북 9성을 쌓고 고려의 영토라고 새긴 비석을 세우는 모습을 그린 것

발해가 망한 뒤 여진은 발해의 옛 땅에서 여러 부족으로 나뉘어 살다가, 그중 완옌부라는 부족이 12세기 초에 여러 부족을 통합하면서 세력을 키워 남쪽으로 내려와 고려의 국경 지역을 자주 위협하면서 고려와 충돌을 하게 되죠.

10세기 말부터 11세기 초까지 거란의 세 차례 침입을 막아냈던 고려. 이제 12세기에 여진의 위협에 시달리게 되는 상황이 된 것이죠. 특히 여진은 말을 타고 전투를 하는 기병의 힘이 워낙 강해서 고려는 여진에게 여러 차례 패하였어요. 그걸 파악한 윤관의 건의로 숙종이 **별무반***이라는 특수부대를 만들었어요. 그리고 예종 때 윤관은 별무반을 이끌고 천리장성을 넘어 **여진을 정벌**한 뒤, **동북 9성***을 쌓아 고려의 영토로 삼았어요. 그러자 여진이 평화를 약속하며 반환을 요구하였고, 고려는 동북 9성을 돌려주었죠.

이후 여진은 세력을 계속 키워 **나라 이름을 '금'**이라 하였고, 거란이 세운 요를 멸망시킨 뒤, 고려에 **군신 관계***, 즉 사대관계를 요구했어요. 그때 고려에서는 이자겸이 난을 일으켜 모든 권력을 장악하고 있었는데, **이자겸이 금의 사대 요구를 수용**하면서 이를 반대하는 움직임이 커지게 되죠. 그게 바로 묘청의 서경천도운동이었어요. 이 금이 한때 송을 남쪽으로 내몰고 중국 화북 지역을 지배하다가 몽골에게 망하죠. 물론 남송도 몽골에게 망했고요. 그러면서 중국 땅 전체를 지배하는 게 몽골이 세운 원나라예요.

➕ 생각 더하기

여진과 관련된 한국사
여진은 원래 숙신, 말갈 등으로 불리던 민족이에요. 대조영이 고구려 유민과 말갈족을 이끌고 발해를 건국했다는 얘기 기억나죠?
발해 멸망 뒤에 말갈이 여진으로 이름을 바꾸었는데, 그때 여진은 고려에게 큰 위협은 아니었어요. 오히려 발해를 멸망시킨 거란이 큰 위협이었죠. 그런 여진이 세력을 키워 금을 세웠고, 한때 중국 화북지역을 지배하다가 몽골에게 망했다는 얘기를 본

문에서 했는데요. 그 뒤 여진은 자신들의 근거지로 돌아가 생활하였죠. 그러다 조선 초 세종 때 김종서와 최윤덕이 여진을 몰아내고 4군과 6진을 설치할 거예요. 그리고 임진왜란이 일어난 뒤, 명나라가 쇠퇴하자 만주족으로 이름을 바꾼 여진이 다시 나라를 세우죠. 그게 바로 후금, 그리고 청이에요. 그리고 그 후금이 조선을 침략한 전쟁이 정묘호란, 청이 조선을 침략한 전쟁이 병자호란이었고요.

1 괄호 안에서 옳은 것을 고르세요.

(가) 윤관은 여진을 정벌하고자 왕에게 건의하여 (별무반, 삼별초)(이)라는 특수부대를 편성하게 하였다.

(나) 윤관은 여진을 정벌하고 (천리장성, 동북 9성)을 쌓았다.

(다) 여진에 세운 금이 고려에 사대관계를 요구하자 (강감찬, 이자겸)은 이를 수용하였다.

2 다음 사건들을 일어난 순서대로 나열하세요. (   ) → (   ) → (   )

(가) 귀주대첩   (나) 동북 9성 축조   (다) 별무반 편성

3 윤관의 건의로 여진을 정벌하기 위해 설치한 고려의 특수부대는 ○○○이다.

한능검 기출문제 ➤ **(가) 인물의 활동으로 옳은 것은?** 제50회 기본 13번

① 우산국을 정복하였다.   ② 4군 6진을 설치하였다.

③ 강동 6주를 확보하였다.   ④ 동북 9성을 축조하였다.

🔍 **별무반**: 윤관의 건의로 설치된 특수부대로 여진 정벌을 위해 설치됐다. 신기군(말을 타고 싸우는 기병), 신보군(뛰어다니며 싸우는 보병), 항마군(승려로 구성)으로 이루어졌다.

🔍 **동북 9성**: 동북 9성의 위치에 관해서 다양한 학설이 있으나, 그 위치가 명확하지 않아 지도를 통해 묻는 경우는 거의 없다.

🔍 **군신 관계**: 임금과 신하의 관계를 말한다. 금이 임금의 나라, 고려가 신하의 나라가 된다는 의미로 고려가 금을 섬기라는 요구이다. 작은 나라가 큰 나라를 섬긴다는 의미로 사대(事大)관계라고도 표현한다.

12 몽골의 침략, 그 기나긴 싸움

몽골의 침입과 삼별초의 항쟁

　13세기 초에 테무친이 몽골의 여러 부족을 통일하고 칭키즈 칸에 오르면서 몽골제국을 수립하였어요. 몽골은 자신들에게 쫓긴 거란족이 고려를 침입하자 고려군과 함께 이를 물리쳤고, 그 대가로 고려에 아주 많은 공물을 요구했어요. 때마침 **몽골의 사신 저고여**가 고려에 다녀가다가 죽자 이걸 핑계로 몽골의 첫 번째 침략이 시작되었어요. 그때 고려의 최고 권력자인 최우는 몽골의 군사력에 놀라 서둘러 강화를 맺었고, 몽골은 다루가치를 두어 고려의 내정을 간섭하기 시작하였죠.

　이후 최우가 수도를 강화도로 옮기고(강화 천도), 몽골과의 전쟁을 준비하자 몽골이 다시 침략을 해왔고 그 전쟁은 40년 가까이 계속되었어요. 육지에 남겨진 수많은 고려인이 목숨을 잃었고 국토는 황폐해졌죠. 특히 거란의 침입 때 만들었던 **초조대장경**, 그리고 신라 선덕여왕 때 만든 **황룡사 9층 목탑**도 불타버렸어요. 그러자 고려 정부는 또다시 부처의 힘을 빌려 몽골을 막겠다면서 전쟁 중에 **팔만대장경***(=재조대장경)을 만들었죠. 한편 몽골과의 전쟁 중에 승려 출신의 김윤후 장군이 처인성 전투와 충주성 전투에서 큰 활약을 하였죠.

　오랜 전쟁 중에 최씨 무신정권이 무너졌어요. 때마침 고려의 끈질긴 저항에 지친 몽골이 강화를 제안하자, 고려 정부는 이를 받아들이고 개경으로 다시 돌아오게 되죠(개경 환도). 그러자 삼별초*가 이를 반대하며 배중손과 김통정의 지휘 아래 강화도에서 진도로, 다시 제주도로 옮겨가며 몽골과의 항쟁을 계속했지만 결국 고려와 몽골 연합군에게 진압되었어요.

➕ 생각 더하기

고려 시대 이민족의 침략 흐름
고려를 맨 처음 침략한 것은 거란이었죠. 거란의 침략 때 서희의 외교담판과 강동 6주의 확보, 강감찬의 귀주대첩이 있었죠. 이후 별무반을 이끌고 윤관이 여진을 몰아내고 동북 9성을 쌓았고요. 그 뒤 이자겸의 난을 일으켜 권력을 장악한 이자겸이 여진이 세운 금의 사대 요구에 굴복한 뒤, 그에 대한 반발로 묘청의 서경천도운동이 전개되었지만 실패했죠. 그 뒤 문벌의 권력독점과 무신에 대한 차별에 맞서 무신정변이 일어났고, 최씨 무신

정권 시기 중 최우 때 고려가 몽골의 침략을 받게 되는 거예요. 이 흐름을 잘 정리해두세요. 몽골과 강화를 체결한 뒤 고려는 오랜 기간 몽골이 세운 원의 간섭을 받았고, 그 원의 간섭을 몰아내며 고려를 다시 일으켜 세우려 했던 공민왕을 곧 만날 거예요. 그 공민왕 때부터 고려는 홍건적과 왜구의 침입에 시달리게 되죠. 코코몽이라는 만화캐릭터가 있죠? 이제 여러분은 '거여몽'이라는 걸 기억해두세요. 거란 → 여진 → 몽골, 이 순서를 기억하려면요. 홍홍! 왜요? 까지 가면 더 좋아요. 홍건적과 왜구죠.

1 괄호 안에서 옳은 것을 고르세요.

(가) (최우, 김윤후)는 몽골과의 전쟁을 준비하며 개경에서 강화도로 도읍을 옮겼다.

(나) 부처의 힘을 빌려 몽골의 침략을 물리치려는 바람으로 (초조대장경, 팔만대장경)을 제작하였다.

(다) 개경 환도에 반대하며 배중손은 (별무반, 삼별초)을/를 이끌고 대몽 항쟁을 계속하였다.

2 몽골의 침략 과정에서 ○○대장경이 불에 타 없어지자, 고려는 새롭게 ○○대장경을 제작하였다.

3 몽골의 침략 과정에서 있었던 사실이 <u>아닌</u> 것은?

① 강화도로 천도하였다.　　　　　　② 별무반을 편성하였다.

③ 팔만대장경을 제작하였다.　　　　④ 김윤후가 처인성 전투에서 활약하였다.

한능검 기출문제 다음 외교 문서를 보낸 국가에 대한 고려의 대응으로 옳은 것은? 　제54회 기본 14번

> 칸께서 살리타 등이 이끄는 군대를 너희에게 보내 항복할지 아니면 죽임을 당할지 묻고자 하신다. 이전에 칸께서 보낸 사신 저고여가 사라져서 다른 사신이 찾으러 갔으나, 너희들은 활을 쏘아 그를 쫓아냈다. 너희가 저고여를 살해한 것이 확실하니, 이제 그 책임을 묻고 있는 것이다.

① 이자겸이 사대 요구를 수용하였다.

② 서희가 소손녕과 외교담판을 벌였다.

③ 김윤후 부대가 처인성에서 적장을 사살하였다.

④ 강감찬이 군사를 이끌고 귀주에서 크게 승리하였다.

● **팔만대장경**: 몽골의 침략 과정에서 몽골이 초조대장경 판목을 불태웠고, 이에 고려정부는 새롭게 대장경을 만들었다. 다시 만든 대장경이라서 재조대장경이라고도 하며, 이 대장경의 판목 숫자가 8만 장이 넘어서 팔만대장경이라고 부른다. 조선 초에 경남 합천 해인사로 옮겨 지금까지 보관 중이며, 유네스코가 지정한 세계문화유산이다.

● **삼별초**: 최씨 무신정권의 최우가 설치한 군사조직으로 좌별초, 우별초, 신의별초 등 3개의 부대로 구성되어 삼별초라 한다.

📖 거란의 침입

① **1차 침입**: 서희의 외교 담판 ➡ 강동 6주 확보
② **2차 침입**: 강조의 정변을 구실로 침입 ➡ 개경 함락, 양규의 활약
③ **3차 침입**: 강감찬의 귀주대첩
④ **관련 사실**: 초조대장경 조판, 전쟁 뒤 천리장성 축조

📖 여진과의 관계

① 윤관이 별무반을 이끌고 여진 정벌 ➡ 동북 9성 축조
② 여진이 금을 세운 뒤 사대관계 요구 ➡ 이자겸이 이를 수용 ➡ 묘청의 서경천도운동

📖 몽골의 침입과 삼별초의 항쟁

① **몽골의 침입**: 최우가 강화도로 천도, 김윤후가 처인성 전투에서 활약,
초조대장경과 황룡사 9층 목탑이 불탐 ➡ 팔만대장경 제작, 몽골과 강화 ➡ 개경 환도
② **삼별초의 항쟁**: 개경 환도에 반대하며 강화도, 진도, 제주도로 근거지를 옮기며 항쟁(배중손, 김통정)

01 (가)에 들어갈 인물로 옳은 것은? 제43회 기본 11번

(가)

(앞면)

• 지금의 서울 낙성대에서 태어났다고 전함
• 문과에 장원 급제함
• 귀주에서 거란의 3차 침입을 물리침

(뒷면)

① 강감찬

②  서희

③  윤관

④ 정중부

02 (가)의 활동으로 옳은 것은? 제58회 기본 17번

○ (가) 이/가 아뢰기를, "신이 여진에게 패배한 까닭은 그들은 기병이고 우리는 보병이어서 대적하기 어려웠기 때문입니다."라고 하였다. 이에 건의하여 비로소 별무반을 만들었다.

– 『고려사절요』 –

○ (가) 이/가 여진을 쳐서 크게 물리쳤다. [왕이] 여러 장수를 보내 경계를 정하였다.

– 『고려사』 –

① 강동 6주를 획득하였다.
② 동북 9성을 축조하였다.
③ 쓰시마섬을 정벌하였다.
④ 쌍성총관부를 수복하였다.

II · 고려 귀족 사회의 형성과 변천

49

03 다음 상황이 일어난 시기를 연표에서 옳게 고른 것은? 　제49회 기본 15번

① (가)　　　　② (나)　　　　③ (다)　　　　④ (라)

04 (가)~(다)의 사건을 일어난 순서대로 옳게 나열한 것은? 　제52회 기본 13번

① (가) - (나) - (다)　　　　② (나) - (다) - (가)
③ (다) - (가) - (나)　　　　④ (다) - (나) - (가)

05 (가)~(다)의 사실을 일어난 순서대로 옳게 나열한 것은? 제45회 기본 14번

윤관, 여진을 정벌함

서희, 소손녕과
외교 담판을 벌임

김윤후, 처인성
전투에서 활약함

① (가) - (나) - (다)　　② (나) - (가) - (다)
③ (나) - (다) - (가)　　④ (다) - (나) - (가)

06 (가)에 들어갈 내용으로 옳은 것은? 제38회 기본 17번

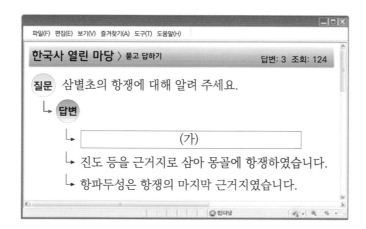

① 4군 6진을 개척하였습니다.
② 강동 6주를 확보하였습니다.
③ 중심인물은 배중손 등이었습니다.
④ 행주산성에서 승리를 거두었습니다.

PART

III

몽골과 오랜 전쟁을 끝내는 대신, 결국 고려는 몽골이 세운 원 제국의 간섭을 받게 되었어요. 이 단원에서는 원의 간섭이 고려사회에 미친 영향들을 살펴볼 거예요. 원이 고려를 어떻게 지배하려 했는지, 그리고 원의 간섭으로 고려의 제도와 고려인의 삶은 어떻게 달라졌는지에 초점을 맞춰 살펴보려 해요. 한편에서는 수많은 고려의 여성이 원에 공녀로 끌려가는 상황, 다른 한편에서는 어떻게든 원에 잘 보이고자 변발과 호복이 크게 유행하는 상황. 그걸 함께 떠올리면서 원 간섭기를 바라봤으면 좋겠어요.

쉽게 끝날 것 같지 않던 원의 간섭. 공민왕은 그런 원의 간섭을 물리치고 고려를 자주 국가로 만들기 위해 어떤 정책들을 펼쳐나갔는지도 살펴볼 거예요. 신진 사대부와 신흥 무인세력이 고려 말에 어떻게 성장했는지, 그리고 고려가 어떻게 멸망했는지도 알아가는 시간이 될 거예요.

원의 간섭과 공민왕의 개혁

13 원의 간섭, 그리고 권문세족의 성장

개경 환도 이후, 몽골이 세운 원 제국의 간섭이 본격화됩니다. 원은 철령 이북에 **쌍성총관부***, 서경에 **동녕부**, 그리고 제주도에 **탐라총관부**를 두어 고려의 일부 영토를 직접 지배하였어요. 그리고 일본 정벌을 위해 고려에 **정동행성***이라는 기구를 설치하였는데, 일본 정벌이 실패한 뒤에도 없애지 않고 고려의 **내정**을 간섭하는 기구로 활용하였죠.

원은 고려의 국왕을 원의 공주와 혼인시켜 고려를 **부마국**으로 삼았어요. 그리고 **왕의 시호**도 충렬왕, 충선왕 등 '고려의 왕은 **원 황제에게 충성하는 왕**'이라는 의미를 담아 짓게 했죠. 그리고 2성 6부는 원의 황제만이 둘 수 있다면서, 중서문하성과 상서성을 합쳐서 첨의부로 만들고, 6부를 4사로 바꾸는 등 격을 낮추게 하였죠. 도병마사가 도평의사사로 바뀐 것도 이때예요.

그리고 원은 고려에서 많은 것을 빼앗아 갔어요. 특히 사냥에 쓰이는 매를 가져가기 위해 **응방**이라는 기구를 설치하였죠. 그리고 **공녀**라는 이름으로 수많은 고려의 여자들을 끌고가자, 이를 피하려고 고려에는 **일찍 혼인하는 풍습(조혼)**이 유행했어요. 이때 원에 끌려간 수많은 고려인에 의해 고려의 풍습이 원에서 유행했는데 그걸 **고려양**이라 했고, **변발이나 호복*** 등 몽골의 풍습이 고려의 상류층 사이에 유행했는데, 그걸 **몽골풍**이라 하였죠. 그리고 **원의 영향을 받은 경천사지 10층 석탑**이 만들어졌죠.

한편 원의 간섭이 시작되자 원에 빌붙어 권력을 휘두르는 세력이 등장했는데, 그들을 **권문세족**이라 불러요. 권문세족은 음서를 이용해 자신들의 관직을 세습하였고, 다른 사람의 토지를 불법으로 빼앗아 대농장을 만들었으며, 힘없는 백성들을 자신의 노비로 만들기도 하였어요. 특히 **기철**은 자신의 누이가 원의 황후가 되자, **고려의 왕보다 더한 권력**을 휘둘렀죠.

🔎 생각 더하기

원의 간섭과 고려인의 삶

원 간섭기에 대다수 고려 백성의 삶은 고달프기만 했어요. 그들은 묵묵히 일하며, 나라가 위기에 처하면 목숨 바쳐 나라를 지켜 냈던 이들이죠. 이제 그들은 고려정부에 바치는 세금뿐만 아니라, 고려정부가 원에 바치는 조공 물품도 백성들이 모두 바쳐야 했어요. 거기에 어린 딸이 원에 공녀로 끌려가는 일까지 겪어야 했죠. 사는 동안 그 딸을 다시 만난다는 것도 기약할 수 없는 채 말이죠.

하지만 한편에선 원의 간섭을 오히려 자신의 권력을 키울 기회라 여기는 이들도 많았어요. 삼별초를 진압하면서 원에 대한 충성심을 과시한 이들, 몽골어를 배운 이들, 매를 키우고 관리하던 응방을 통해 원과 가까워진 이들이 원의 앞잡이가 되어 권력을 휘둘렀죠. 그들에게 원의 간섭은 축복이었겠죠. 그들은 앞다투어 몽골어를 배우고, 변발을 하고, 호복(몽골식 복장)을 하면서 자신들의 권력을 키워갔어요.

1 괄호 안에서 옳은 것을 고르세요.

(가) 원은 일본 정벌을 위해 설치한 (교정도감, 정동행성)을 통해 고려의 내정을 간섭하였다.

(나) 원은 철령 이북에 (동녕부, 쌍성총관부)를 설치하고, 고려 영토 일부를 직접 지배하였다.

(다) 원 간섭기에 원의 힘을 등에 업고 성장한 새로운 지배세력을 (문벌, 권문세족)이라 한다.

2 원은 일본 원정을 위해 고려에 ○○○○ 을 설치하였는데, 일본 정벌이 실패한 뒤에도 이 기구를 통해 고려의 내정을 간섭하였다.

3 원 간섭기의 상황으로 거리가 <u>먼</u> 것은?

① 조혼이 유행하였다.　　　　　　② 몽골풍이 유행하였다.

③ 권문세족이 성장하였다.　　　　④ 2성 6부제가 마련되었다.

한능검 기출문제 ▶ 밑줄 그은 '이 시기'에 있었던 사실로 옳지 <u>않은</u> 것은?　제49회 기본 14번

원의 공주를 왕비로 맞아들이던 <u>이 시기</u>에는 몽골식 변발과 발립이 유행하였습니다. 또한 소주를 제조하는 방법도 전해졌습니다.

사진으로 배우는 고려사

발립을 쓴 인물　　소줏고리

① 정동행성이 설치되었다.　　　　② 권문세족이 높은 관직을 독점하였다.

③ 여진 정벌을 위해 별무반이 편성되었다.　　④ 결혼도감을 통해 여성들이 공녀로 보내졌다.

● **정동행성**: 동쪽을 정벌하는 일을 맡아보는 관청이라는 의미로, 원이 고려 동쪽에 있는 일본 정벌을 위해 고려에 설치한 기구. 태풍 때문에 일본 정벌이 실패하였지만, 원은 그 후에도 정동행성을 유지하면서 그 안의 이문소를 통해 고려의 내정에 계속 간섭했다. 훗날 공민왕이 원의 간섭을 물리치고자 정동행성 이문소를 폐지했다.

● **쌍성총관부**: 동녕부와 탐라총관부는 원 간섭이 시작되고 곧 없어졌지만, 쌍성총관부는 원이 계속 유지했다. 공민왕이 쌍성총관부를 없애고 철령 이북의 영토를 회복했다.

● **변발과 호복**: 변발은 몽골족 등 북방 유목민족의 머리 형태이고, 호복은 몽골의 옷(복식)을 가리킨다.

14 공민왕이 원의 간섭을 물리치고 개혁을 추진하다

공민왕의 영토 수복
쌍성총관부를 공격하여 철령 이북의 영토를 회복함.

14세기 중엽 원이 기울어지기 시작했어요. 그러자 중국의 한족들이 명을 건국하고, 원의 지배에 맞서 싸움을 시작하였죠. 그러면서 고려에 대한 원의 간섭이 약해지자 공민왕이 고려를 자주 국가로 만들려는 여러 가지 개혁을 시작하죠.

공민왕은 원의 간섭을 벗어나기 위해 **기철**을 비롯한 친원 세력을 **제거**하고, 원 간섭의 상징인 **정동행성 이문소를 없애**버리죠. 원이 일본 정벌을 위해 설치했던 정동행성, 그 안에 사법기능을 담당했던 이문소가 고려의 내정 간섭을 주도했거든요. 그걸 없앤 것이죠. 그리고 **쌍성총관부를 공격하여 철령 이북의 영토를 되찾았어요.** 또한 변발과 호복 등 **몽골풍을 금지**하고, 원 간섭기 낮아졌던 **관직 제도를 다시 되돌렸어요.** 또한 원의 연호도 사용하지 않았어요.

다른 한편으로 원 간섭기에 왕권은 크게 약해지고, 백성들의 삶은 피폐해졌는데, 그걸 바로잡고자 공민왕은 **신돈**이라는 승려를 **등용**했어요. 공민왕은 **전민변정도감을 설치**해 권문세족이 불법으로 빼앗은 땅을 원래 주인에게 돌려주고, 불법으로 노비가 된 양민들을 해방시켰죠. 그리고 **정방*을 폐지**하여 왕권을 강화시켰어요. 그러나 권문세족들의 반발로 신돈이 제거되고, 공민왕마저 시해되면서 개혁은 중단되고 말아요.

생각 더하기

공민왕과 신돈

신돈은 공민왕의 신뢰를 한몸에 받고 고려 말 개혁정치를 주도했던 승려였어요. 노국대장공주의 죽음 이후 실의에 빠져있던 공민왕은 신돈을 앞세워 여러 개혁을 추진하였죠. 신돈의 건의에 따라 전민변정도감을 설치하고 전민변정사업을 실시하였어요. 전(田)은 토지, 민(民)은 백성을 뜻하고, 변정은 옳고 그름을 가려서 바로잡는다는 뜻이에요. 전민변정사업으로 국가 재정은 튼튼해져요. 백성들이 땅을 되찾고, 또 노비의 신분에서 벗어나 양민이 되면 국가에 세금을 내게 되니까요. 반면 불법으로 대농장을 소유하고 멀쩡한 농민을 노비로 만들었던 권문세족들은 큰 타격을 입게 되죠. 그래서 그들은 신돈이 역모를 꾀한다고 누명을 씌워 죽게 만들고, 공민왕마저 제거하였죠. 이어 공민왕의 아들인 우왕이 10살의 나이에 왕위에 오르지만, 훗날 이성계가 일으킨 위화도 회군 직후 최영과 함께 제거당해요. 그리고 우왕의 아들 창왕이 9살에 왕위에 오르는데, 이성계 등은 우왕과 창왕이 공민왕의 후손이 아니라 신돈의 후손이라고 몰아갔죠.

1 괄호 안에서 옳은 것을 고르세요.

(가) 공민왕은 (쌍성총관부, 탐라총관부)를 공격하여 철령 이북의 영토를 되찾았다.

(나) 원 간섭기에 새롭게 등장한 고려의 지배세력은 (문벌, 권문세족)이다.

(다) 공민왕은 (신돈, 최승로)의 건의에 따라 전민변정도감을 설치하였다.

2 공민왕은 원의 간섭을 물리치고자, 원이 일본 정벌을 위해 설치했던 ○○○○을 폐지하였다.

3 공민왕의 업적이 <u>아닌</u> 것은?

① 정방을 설치하였다.   ② 몽골풍을 금지하였다.

③ 정동행성을 폐지하였다.   ④ 철령 이북의 영토를 되찾았다.

한능검 기출문제 학생들이 공통으로 이야기하고 있는 왕의 업적으로 옳은 것은?   제52회 기본 15번

① 균역법을 시행하였다.   ② 독서삼품과를 실시하였다.

③ 삼강행실도를 편찬하였다.   ④ 철령 이북의 땅을 되찾았다.

 정방: 최씨 무신정권의 최우가 자신의 집에 설치하여 인사행정을 장악했던 기구. 아버지 최충헌이 설치했던 교정도감은 무신정권 몰락과 함께 사라졌지만, 정방은 사라지지 않고 원 간섭기에도 존재했다. 공민왕이 왕권 강화를 위해 정방을 폐지하였지만 다시 부활했고, 이후 창왕 때 이성계 세력이 완전히 폐지했다.

15 고려 말, 신진 사대부와 신흥 무인세력이 성장하다

개성의 선죽교
새 왕조 건설에 반대한 정몽주가 죽임을 당한 곳으로 알려짐.

원 간섭기에 고려에는 **신진 사대부**라는 새로운 정치세력이 성장하기 시작했어요. 주로 **지방 향리의 자제**였던 그들은 성리학*을 수용하여 사상적 기반으로 삼았고, 과거를 통해 관직에 진출하였어요. 신진 사대부는 권문세족의 비리를 비판하면서, 공민왕의 개혁을 지지하였죠. 이색, 정몽주, 길재, 정도전 등이 대표적인 신진 사대부예요.

그리고 고려 말, 홍건적과 왜구가 자주 고려를 침략했어요. 그때 **최영**의 홍산대첩, **최무선***의 진포대첩, **이성계**의 황산대첩 등 큰 승리가 이어지면서 최영, 이성계 등이 세력을 키워갔는데 이들을 **신흥 무인세력***이라고 해요.

한편, 원을 북쪽으로 몰아내고 중국대륙을 차지한 명나라는 공민왕 때 되찾은 철령 이북의 영토에 철령위를 설치하여 직접 다스리겠다고 고려에 통보하죠. 그때 우왕과 최영은 명의 요구에 반발하며 이성계에게 요동을 정벌하도록 지시하였어요. 하지만 요동으로 향하던 이성계는 압록강 위화도에서 군대를 돌려 개경을 점령하고, 우왕과 최영을 제거했어요(위화도 회군).

위화도 회군으로 권력을 장악한 이성계는 정도전 등과 함께 과전법을 제정하여 조선 건국세력의 경제 기반을 만들었어요. 그리고 새 왕조 건설을 반대한 정몽주 등을 제거한 뒤, 공양왕에게 왕위를 넘겨받은 이성계가 **조선을 건국**하였죠(1392).

➕ 생각 더하기

신진 사대부의 대립

고려 말 신진 사대부는 고려사회를 어떻게 바꿔나갈 것인지를 두고 대립하였어요. 먼저 이색, 정몽주, 길재 등은 고려라는 나라를 유지하면서 고려사회의 문제점을 점진적으로 개혁하자고 주장하였는데, 이는 신진 사대부의 학문적 기반인 성리학적 명분에 충실한 주장이었죠. 임금에 대한 신하의 절대적 충성을 강조하는 것이 성리학이거든요. 이들을 온건파 사대부라고 하고, 이들은 조선 건국에 참여하지 않아요. 그리고 이들의 제자들도 정치에 나아가지 않고 지방에서 성리학 연구에만 전념하거든요. 그들을 조선에서 사림이라고 불러요.

그에 비해 정도전, 조준 등은 고려라는 나라를 유지한 채 개혁을 하는 것은 불가능하다고 봤어요. 그래서 새로운 왕조를 세우자는 입장이었죠. 이들을 급진파 또는 혁명파 사대부라고 부르죠. 결국 급진파 사대부들이 이성계와 손을 잡고 조선을 건국하는 것이죠. 그 과정에서 조선 건국을 반대한 정몽주 등을 제거하는 것이고요. 대신 그들은 조선 건국이 자신들의 욕심 때문이 아니라 하늘의 뜻이었고, 오직 백성들을 위한 것이었다는 걸 증명하기 위해 여러 가지 과감한 개혁을 해나갈 거예요.

1 괄호 안에서 옳은 것을 고르세요.

(가) 정몽주, 정도전 등은 성리학을 수용하고, 과거를 통해 관직에 진출한 (권문세족, 신진 사대부)이다.

(나) (최영, 최무선)은 화통도감의 설치를 건의하였고, 화약과 무기를 제작하여 진포에서 왜군을 물리쳤다.

(다) 요동 정벌을 위해 군대를 이끌고 나간 (최영, 이성계)은/는 위화도에서 회군하여 정치 권력을 장악하였다.

(라) (정몽주, 정도전)은/는 조선 건국에 반대하다 선죽교에서 죽임을 당했다고 전해진다.

2 성리학을 수용하고 과거를 통해 관직에 진출하였으며, 권문세족의 횡포를 비판했던 새로운 정치세력을 ○○○○○라 한다.

3 신진 사대부에 대한 설명으로 옳은 것은?

① 성리학을 수용하였다.　　　　　　② 스스로 성주, 장군이라 불렀다.

③ 교정도감을 설치해 권력을 행사하였다.　　④ 주로 음서를 통해 관직에 진출하였다.

(가)에 대한 설명으로 옳은 것은? 　제40회 기본 19번

① 서경 천도를 주장하였다.

② 대부분 친원적 성향을 보였다.

③ 성리학을 사상적 기반으로 삼았다.

④ 교정도감을 통해 권력을 행사하였다.

● **성리학**: 원 간섭기에 안향에 의해 전래된 새로운 유학. 송의 주희(주자)가 완성한 새로운 유학으로 주자학이라고도 한다.

● **최무선**: 우왕에게 화통도감의 설치를 건의하였으며, 화통도감에서 제작한 화약과 화포를 이용해 진포에서 왜군을 물리쳤다.

● **신흥 무인세력**: 새롭게 성장한 무인세력이라는 뜻. 정중부 등 예전 무인세력과 구분하는 의미로 앞에 신흥이라는 표현을 추가한다.

핵심정리

📋 원의 간섭

① **정동행성 설치**: 일본 정벌 목적 ➡ 내정 간섭 기구
② 쌍성총관부 설치, 관제 격하, 충○왕, 공녀
③ **몽골풍 유행**: 변발과 호복, 경천사지 10층 석탑
④ 권문세족이 권력 장악

📋 공민왕의 개혁

① 기철 등 친원세력 제거, 정동행성 이문소 폐지, 쌍성총관부 공격(철령 이북 영토 수복), 몽골풍 금지
② 전민변정도감 설치(신돈), 정방 폐지

📋 신진 사대부의 성장

① **신진 사대부**: 지방 향리의 자제, 성리학 수용, 과거를 통해 관직 진출, 권문세족을 비판
② **신진 사대부의 분화**: 급진파 사대부(정도전, 조준), 온건파 사대부(이색, 정몽주, 길재)

📋 신흥 무인세력

고려 말 홍건적과 왜구의 침입을 물리치며 성장(최영, 이성계, 최무선)

📋 고려의 멸망

위화도 회군 ➡ 과전법 제정 ➡ 고려 멸망, 조선 건국

01 밑줄 그은 '왕'의 업적으로 옳은 것은? [제50회 기본 11번]

① 교정도감을 설치하였다.
③ 쓰시마 섬을 정벌하였다.
② 천리장성을 축조하였다.
④ 쌍성총관부를 공격하였다.

02 (가) 시기에 있었던 사실로 옳은 것은? [제51회 기본 14번]

① 별무반이 편성되었다.
② 김헌창이 난을 일으켰다.
③ 김부식이 삼국사기를 편찬하였다.
④ 지배층을 중심으로 변발과 호복이 유행하였다.

03 다음 다큐멘터리에서 볼 수 있는 장면으로 적절하지 <u>않은</u> 것은? [제57회 기본 17번]

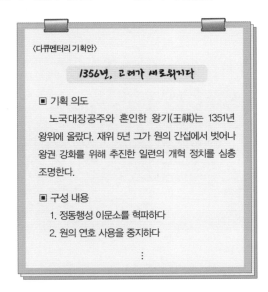

① 수원 화성을 축조하는 백성
② 쌍성총관부를 공격하는 군인
③ 숙청당하는 기철 등 친원 세력
④ 정방 폐지 교서를 작성하는 관리

04 다음 조치가 내려진 시기를 연표에서 옳게 고른 것은? [제47회 기본 17번]

① (가)   ② (나)   ③ (다)   ④ (라)

05 선생님의 질문에 대한 학생의 대답으로 옳은 것은? 제45회 기본 13번

몽골식 복장의 유행   원에 공녀로 끌려가는 여인들

이와 같은 장면을 볼 수 있었던 시기의 모습에 대해 이야기해 볼까요?

① 상평통보가 사용되었어요.
② 고구마와 감자가 널리 재배되었어요.
③ 권문세족이 대규모 토지를 소유했어요.
④ 청해진에서 무역이 활발하게 이루어졌어요.

06 (가) 왕의 업적으로 옳은 것은? 제43회 기본 13번

이 그림은 (가) 와/과 원나라 출신 왕비 노국공주의 초상화래.

이 왕은 몽골식 풍습을 금지하고 고려의 전통을 되살리는 데 앞장섰어.

① 훈요 10조를 남겼다.
② 대마도를 정벌하였다.
③ 지방에 12목을 설치하였다.
④ 철령 이북의 땅을 되찾았다.

PART

IV

농업 국가인 고려, 그래서 가장 중요한 것은 토지였어요. 이 단원에서는 고려의 토지제도인 전시과 제도를 만날 거예요. 아울러 상공업과 무역도 발달했고, 여러 가지 화폐도 제작되었던 고려의 경제 상황을 살펴보려 해요.

그런 다음에 고려의 문화를 살펴볼 거예요. 국가적 보호를 받으며 크게 발달했던 고려의 불교 문화를 먼저 살펴보고, 『삼국사기』와 『삼국유사』로 대표되는 고려의 역사서도 만날 거예요. 그다음 『팔만대장경』과 『직지』로 상징되는 고려의 목판 인쇄술과 금속활자 기술도 살펴볼 거예요. 그리고 고려 공예예술의 결정체인 상감청자와 나전칠기에 관한 이야기도 함께요.

고려의 경제와 문화

16 고려의 토지제도, 전시과

농업사회인 고려에서 가장 중요한 것은 토지였어요. 고려를 건국한 태조 왕건, 그는 고려 건국과 후삼국 통일 과정에서 공을 세운 이들을 공신으로 책봉하고 그들에게 **역분전**이라는 이름의 토지를 **지급했어요.**

그리고 경종 때 **전시과 제도***를 시행하였죠. 전시과 제도는 문무 관료들에게 곡물을 수취할 수 있는 전지와 땔감을 얻을 수 있는 시지를 나눠준 제도였어요. 처음에 전시과는 전직 관료와 현직 관료 모두에게 지급했어요. 근데 관직에서 물러난 사람(전직 관료)까지 전시과를 지급하다 보니까 지급할 토지가 자꾸 부족해졌어요. 그래서 이후 전시과의 지급량을 줄이거나 현직 관료에게만 전시과를 지급하는 방식으로 바꿔나가죠.

그러자 고려의 문벌은 화가 났어요. 자손 대대로 막강한 권력을 유지하고 싶었던 문벌. 그들은 광종이 과거제를 실시했을 때, 음서라는 제도를 만들어 그들의 자손들이 과거를 거치지 않고도 관직에 나아갈 수 있게 만들었잖아요? 그것처럼 문벌은 전시과 제도 안에 세습이 가능한 토지를 만들어버리죠. 그걸 공음전이라고 했어요. 공음전은 5품* 이상 고위관료에게 지급되는데, 죽은 뒤에도 자손에게 세습이 가능했어요. 그래서 음서와 공음전을 통해 고려가 귀족 중심의 사회가 되었다고 얘길 하죠.

➕ 생각 더하기

전시과와 민전
신라의 관료전을 지급하고 녹읍을 폐지하였다. 태조 왕건이 역분전을 지급하였다. 경종 때 전시과를 지급하였다. 여기에 등장하는 모든 제도(녹읍, 관료전, 역분전, 전시과)는 국가가 토지의 소유권을 관리에게 넘기는 게 아니라, 해당 토지에서 조세를 거둘 수 있는 국가의 권리, 즉 수조권을 나눠주는 제도예요. 고려 말 조선 건국세력이 주도해서 만든 과전법도 마찬가지죠.
국가나 왕실에서 소유한 땅 말고, 개인이 소유한 땅을 민전이라고 했어요. 민전의 소유자는 다양해요. 귀족도 농민도 토지를 소유할 수 있으니까요. 토지를 소유한 사람은 자신의 땅에서 난 생산물의 1/10을 국가에 조세로 납부해야 했고, 국가는 조

세를 거둘 권리를 갖는데 그걸 수조권이라 했죠. 국가는 거둬들인 세금으로 나라 살림을 운영하죠. 관리에게 지급하는 녹봉도 세금에서 나오는 것이고요. 화폐가 발달하지 않은 사회에서 세금으로 많은 곡식으로 거두고, 보관하고, 지급하는 일은 번거로웠어요. 그래서 국가는 관리들에게 민전 가운데 일부를 관료전, 전시과, 과전이란 이름으로 지정해주고, 거기서 국가 대신 조세를 거둘 수 있게 허락한 거예요. 그럼 관리는 토지 주인이 아니면서도 해당 토지의 농민에게 거들먹거릴 수 있어요. 농민이 열심히 농사지어야 자신한테 내는 조세(생산량의 1/10)가 많아진다는 핑계로 말이죠.

1 괄호 안에서 옳은 것을 고르세요.

(가) 태조 왕건은 고려 건국과 후삼국 통일에 공을 세운 공신들에게 (관료전, 역분전)을 지급
하였다.

(나) (경종, 성종)은 문무 관료에게 전지와 시지를 지급하는 전시과 제도를 실시하였다.

(다) 전시과 제도는 관직 복무의 대가로 문무 관료에게 토지의 (소유권, 수조권)을 지급한 것이다.

2 고려 경종은 관직 복무의 대가로 문무 관료에게 전지와 시지를 지급하는 ○○○ 제도를 실시하였다.

3 전시과 제도에 대한 설명으로 옳은 것은?

① 태조 왕건 때 실시되었다.

② 전지와 시지를 지급하였다.

③ 진골 귀족의 경제적 기반이 되었다.

④ 죽은 뒤에도 자손에게 세습할 수 있었다.

 (가)에 들어갈 내용으로 옳은 것은?　　제47회 기본 13번

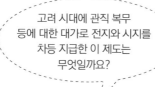 고려 시대에 관직 복무 등에 대한 대가로 전지와 시지를 차등 지급한 이 제도는 무엇일까요?

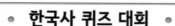 한국사 퀴즈 대회

 (가)

① 관료전　　　② 대동법　　　③ 전시과　　　④ 호포제

● **전시과**: 문무 관료에게 관직 복무의 대가로 전지와 시지를 함께 지급하였다 하여 전시과라 함. 전(田 밭 전)은 곡식을 생산하는 땅,
시(柴 땔나무 시)는 연료인 땔감을 얻을 수 있는 야트막한 산을 의미함.

● **5품**: 고려와 조선의 관리 등급은 1품부터 9품까지 나뉨. 그 안에 정1품, 종1품, ~ 정9품, 종9품까지 다시 18등급으로 세분하는데,
1품이 가장 높은 관등이고 9품이 가장 낮은 관등임. 따라서 5품 이상은 정1품부터 종5품까지임. 오늘날 1급 공무원부터 9급 공무
원까지 나누는 것을 떠올리면 됨. 단, 신라 골품제의 경우는 6두품이 가장 높고, 1두품이 가장 낮음.

17 고려의 상공업과 무역

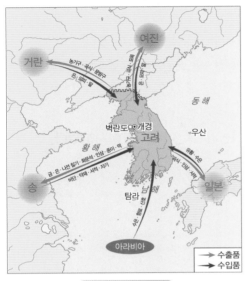

고려 전기의 무역

고려는 수도인 개경에 시전을 설치하고 상업활동을 장려하였어요. 그리고 시전 상인의 불법적인 상업행위를 감독하기 위한 관청으로 경시서를 설치하였죠.

그리고 고려에서는 수공업도 크게 발달하였어요. 특히 특수 행정구역인 향, 부곡, 소 가운데 소의 주민들이 다양한 수공업 제품을 생산해서 국가에 공물로 바쳤죠. 또한, 불교국가인 고려에서는 국가가 불교를 장려하기 위해서 사원(절)에 토지와 노비를 지급했는데, 이를 이용해 사원에서도 수공업 활동이 활발하게 이뤄졌어요.

고려 시대에는 국제무역도 활발하게 이뤄졌어요. 고려는 송, 요(거란), 여진, 일본 등 주변 나라뿐만 아니라, 멀리 아라비아 상인들과도 교류하였죠. 특히 팔관회라는 고려의 국가적 행사가 개경에서 열리면 여러 나라의 상인들이 앞다투어 찾아와 물건을 사고팔았어요. 그 과정에서 개경 가까이에 있는 예성강, 그 예성강 입구에 있는 벽란도가 고려의 국제 무역항으로 번성하였죠. 그리고 이때 아라비아 상인*들을 통해서 고려의 이름이 코리아(Corea, Korea)로 유럽 등 서방 세계에 알려지게 된 것이고요.

그리고 원의 간섭을 받던 고려 후기, 문익점이 원에서 목화씨를 가져와 재배에 성공하면서 의류 생활에 크나큰 변화가 생겼죠. 그동안 가난한 사람들은 얇은 삼베옷을 입고 추위를 견뎌야 했는데, 따뜻한 목화(면화)가 들어오면서 추위에서 벗어날 수 있게 되었으니까요.

➕ 생각 더하기

고려의 무역

고려는 상공업이 발달했고, 다른 나라와의 무역도 활발했죠. 남아도는 물건과 부족한 물건들을 사고파는 게 서로에게 도움이 되는 일이니까요. 고려의 무역에서는 벽란도라는 국제 무역항을 꼭 기억하세요.

참, 당시 교역품을 모두 암기할 필요는 없어요. 큰 흐름으로 구분하면 충분해요. 우선 고려보다 문화적으로 앞서 있던 송은 고려에 비단과 서적 등을 수출했고, 반면 고려는 인삼, 나전칠기, 종이, 화문석 등을 송에 수출했죠.

유목민족인 거란과 여진은 농업이 발달하지 못했기 때문에 고려에서 곡식이나 농기구를 사 갔죠.

그리고 일본은 고려에서 식량, 인삼 등을 사 갔고, 아라비아 상인들은 고려에서 금, 비단, 토산품 등을 사 갔죠. 고려의 인삼은 정말 유명했거든요.

1 괄호 안에서 옳은 것을 고르세요.

(가) 고려는 수도인 개경에 (시전, 경시서)을/를 설치하여 불법적인 상업 행위를 감독하였다.
(나) 특수 행정구역인 (소, 부곡)의 주민들은 수공업 제품을 생산하여 국가에 공물로 바쳐야 했다.
(다) 고려의 국제 무역항으로 번성한 곳은 (울산항, 벽란도)이다.

2 고려의 수도인 개경 근처에 있는 ○○○가 국제 무역항으로 번성하였다.

3 고려의 경제 활동에 대한 설명으로 옳지 <u>않은</u> 것은?

① 시전 상인들이 개경에서 활동하였다.
② 벽란도가 국제 무역항으로 번성하였다.
③ 거란, 여진 등에게 농기구를 수출하였다.
④ 부곡의 주민들이 주로 수공업 제품을 생산하였다.

한능검 기출문제 ▶ 교사의 질문에 대한 학생의 답변으로 옳지 <u>않은</u> 것은?   제57회 기본 13번

💡 **아라비아 상인**: 아라비아 상인을 부르는 명칭은 다양하다. 이슬람 상인, 서역 상인, 대식국 상인이라는 명칭 모두 아라비아 상인을 가리킨다. 지리적으로 아라비아반도에서 온 상인이어서 아라비아 상인, 종교적으로 이슬람교를 믿는 상인이라서 이슬람 상인, 그리고 중국의 서쪽 지역에서 온 상인이어서 서역 상인이라 부른다. 대식국은 중국 사람들이 붙인 명칭인데 그 유래에 대해서는 여러 가지 설이 있다.

Ⅳ · 고려의 경제와 문화

18 고려의 화폐 이야기

고려 시대에 상업이 발달하자, 고려정부가 화폐를 발행하기 시작했어요. 맨 먼저 발행된 게 성종 때 발행한 **건원중보***라는 화폐인데, 우리 역사상 최초의 화폐예요. 하지만 이 화폐는 널리 이용되지 못하였어요. 당시 사람들은 쌀이나 베(옷감)를 화폐처럼 사용해 물건을 사고파는 것에 별다른 불편함을 느끼지 못했던 까닭이죠.

건원중보
고려 성종 때 발행한 우리나라
최초의 화폐

그러다 여진 정벌을 위해 별무반이 설치되었던 숙종 때, 숙종의 동생인 대각국사 의천이 **화폐를 다시 발행하자**고 건의하였죠. 그 건의를 받아들여 은으로 만든 병 모양의 화폐인 **은병**을 발행했고, 그 이름을 활구라고 했어요. 은은 그 자체로도 가치가 큰 금속이라서 이 은병(활구)은 제법 유통이 되었어요. 하지만 은으로 만든 까닭에 그 금액이 너무 컸어요. 은병(활구) 하나로 쌀 수십 가마를 살 정도였으니까요. 그래서 일반 백성들은 은병을 구경하기도 어려웠죠. 그래서 그걸 보완하고자 이듬해 **해동통보, 삼한통보** 등의 동전을 새로 발행했어요. 하지만 이들 동전은 널리 유통되지 못하였고, 사람들은 여전히 쌀이나 베를 화폐 대신 사용하였어요. 건원중보, 해동통보, 삼한통보, 활구(은병)가 고려 시대에 제작된 화폐였고, 널리 유통되지는 못하였다고 알아두면 충분해요.

은병(활구)
고려 숙종 때 은으로
만든 고액 화폐

우리 역사에서 화폐(동전)가 널리 유통된 것은 조선 후기 숙종 때부터죠. 여러분도 아마 그 동전의 이름을 한 번쯤 들어 보았을 거예요. 맞아요. **상평통보**라는 화폐예요.

➕ 생각 더하기

화폐의 사용

철기 시대 유적에서 명도전, 반량전 등이 발견되었다는 이야기가 기억나죠? 명도전과 반량전은 우리나라에서 발행한 화폐가 아니라 중국의 화폐예요. 우리 역사상 최초의 화폐는 고려 성종 때 발행한 건원중보죠.

자급자족하는 경제생활에서는 화폐의 필요성이 크지 않아요. 물물교환이나 쌀 한 되, 옷감 한 필 등을 주고 자신에게 필요한 물건을 사도 충분히 경제활동을 해나갈 수 있거든요. 하지만 시간이 흘러 경제가 발달하면, 거래의 횟수가 많아지고 거래의 규모도 커지죠. 특히 국가 입장에서 조세로 거둬들이는 엄청난 양의 곡식을 운반하고 보관하는 일은 쉬운 일이 아니었어요. 그래서 그걸 화폐로 거두려고 적극적으로 화폐를 발행하고, 화폐를 널리 사용하게 하려 했죠.

1 괄호 안에서 옳은 것을 고르세요.

(가) 고려 성종 때 (건원중보, 상평통보)라는 화폐가 처음 발행되었다.

(나) 화폐를 발행하자는 의천의 건의에 따라 숙종은 (은병, 명도전)을 제작하게 하고 그 이름을 활구라 하였다.

(다) 조선 후기에 발행되어 널리 유통된 화폐는 (상평통보, 해동통보)이다.

2 우리 역사상 최초의 화폐는 고려 성종 때 발행한 ○○○○이다.

3 고려 시대에 발행된 화폐가 <u>아닌</u> 것은?

① 건원중보   ② 상평통보   ③ 해동통보   ④ 은병(활구)

 다음 발표에 해당하는 국가의 경제 상황으로 옳은 것은? 제47회 기본 14번

① 벽란도가 국제 무역항으로 번성하였다.

② 담배, 인삼 등의 상품 작물이 재배되었다.

③ 관청에 물품을 조달하는 공인이 활동하였다.

④ 시장을 감독하기 위한 동시전이 설치되었다.

 건원중보: 우리나라 최초의 화폐로 알려진다. 고려 성종 때 철전과 동전으로 각각 발행하였으나 널리 유통되지는 못했다. 참고로 제시된 사진 속 한자를 읽어서 화폐의 이름을 알아내라고 하는 경우는 거의 없다. 사진 아래에 화폐의 이름을 밝힘. 건원중보, 해동통보, 삼한통보, 활구(은병)가 고려시대에 발행된 화폐라는 것만 알아도 충분하다.

핵심정리

📖 고려의 토지제도

1 역분전: 태조 왕건이 공신들에게 지급
2 전시과: 경종 때 실시, 관직 복무의 대가로 전지와 시지 지급(세습 불가능)
3 공음전: 5품 이상의 고위 관료에게 지급, 자손에게 세습 가능
4 과전법: 고려 말 조선 건국세력이 만든 조선의 토지제도

📖 상공업과 무역

1 상업: 개경에 시전 설치 → 경시서를 통해 감독
2 수공업: 소 수공업, 사원 수공업 발달
3 무역: 벽란도가 국제 무역항으로 번성
4 목화의 전래: 문익점

📖 화폐의 발행

1 건원중보 : 우리나라 최초의 화폐(고려 성종)
2 은병(활구): 은으로 만든 병 모양의 고액 화폐
3 기타: 해동통보, 삼한통보 등

01 (가)에 들어갈 내용으로 옳은 것은? 제58회 기본 13번

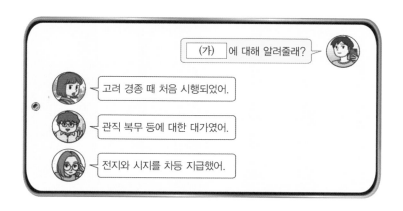

(가) 에 대해 알려줄래?

고려 경종 때 처음 시행되었어.

관직 복무 등에 대한 대가였어.

전지와 시지를 차등 지급했어.

① 과전법   ② 납속책
③ 전시과   ④ 호포제

02 밑줄 그은 '이 국가'의 경제 상황으로 옳은 것은? 제55회 기본 15번

이것은 전라남도 나주 등지에서 거둔 세곡 등을 싣고 이 국가의 수도인 개경으로 향하다 태안 앞바다에서 침몰한 배를 복원한 것입니다. 발굴 당시 수많은 청자와 함께 화물의 종류, 받는 사람 등이 기록된 목간이 다수 발견되었습니다.

① 전시과 제도가 실시되었다.
② 고구마, 감자가 널리 재배되었다.
③ 모내기법이 전국적으로 확산되었다.
④ 시장을 감독하기 위한 동시전이 설치되었다.

Ⅳ · 고려의 경제와 문화

03 (가)에 들어갈 내용으로 옳지 <u>않은</u> 것은? 제41회 기본 11번

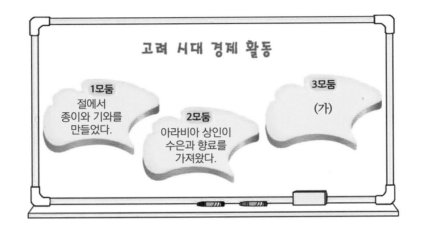

① 벽란도를 통해 국제무역을 하였다.
② 나전칠기, 화문석 등을 수출하였다.
③ 활구라고 불린 은병을 화폐로 사용하였다.
④ 보부상이 전국의 장시를 돌아다니며 활동하였다.

04 (가)에 들어갈 인물로 옳은 것은? 제43회 기본 16번

① 이색   ② 일연   ③ 문익점   ④ 정도전

05 (가) 국가의 경제 상황으로 옳은 것은? 제52회 기본 14번

화면 속의 청동 거울은 (가) 시대에 제작된 것으로, 여기에 새겨진 배를 통해 당시 국제무역이 활발하게 이루어졌음을 짐작할 수 있습니다. 송을 비롯한 여러 나라 상인들은 예성강 하구의 벽란도를 드나들면서 무역을 하였습니다.

① 고구마, 감자 등이 재배되었다.

② 모내기법이 전국적으로 확산되었다.

③ 만상, 내상 등이 활발하게 활동하였다.

④ 활구라고 불린 은병이 화폐로 사용되었다.

06 (가)에 들어갈 내용으로 옳은 것은? 제54회 기본 15번

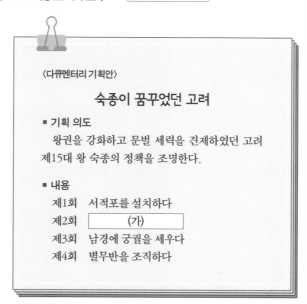

〈다큐멘터리 기획안〉

숙종이 꿈꾸었던 고려

■ 기획 의도

왕권을 강화하고 문벌 세력을 견제하였던 고려 제15대 왕 숙종의 정책을 조명한다.

■ 내용

제1회 서적포를 설치하다

제2회 (가)

제3회 남경에 궁궐을 세우다

제4회 별무반을 조직하다

① 규장각을 설치하다.

② 해동통보를 제작하다.

③ 노비안검법을 실시하다.

④ 쌍성총관부를 공격하다.

19 고려의 불교(승려)

대각국사 의천
천태종을 창시하고, 교관겸수를
주장했던 의천

삼국 시대에 처음 들어온 불교는 고려 시대에 국가의 지원을 받아 크게 발전하였어요. 거기에는 태조 왕건이 남긴 훈요 10조를 통해 연등회와 팔관회 같은 불교 행사를 성대하게 열 것을 강조한 것이 큰 영향을 미쳤죠. 광종 때 실시한 과거제에도 승과가 있었고, 덕망이 높은 승려를 **국사**(나라의 스승)나 **왕사**(왕의 스승)로 섬기게 한 것도 불교의 발달에 큰 도움이 되었어요. 그리고 국가가 사원에 **토지**(사원전)와 **노비**를 지급한 것도 불교의 발달에 큰 도움이 되었죠.

신라 말 지방 호족의 지원을 받으며 발달했던 선종. 하지만 고려가 안정을 찾아가면서 왕실에서는 선종이 아닌 교종을 후원하였어요. 그러면서 **교종과 선종의 대립**이 심해졌죠. 그 분위기에서 문종의 아들, 즉 왕자 출신으로 승려가 된 **대각국사 의천**이 천태종을 창시하였고, **교관겸수***를 주장하며 교종을 중심으로 선종을 통합하려 하였죠. 그 의천이 형인 숙종에게 **화폐의 발행**을 건의했다는 얘기도 기억나죠?

그 뒤 무신정권 시기에 선종이 조계종으로 불리며 다시 발달하였어요. 그때 조계종을 이끌던 승려인 **보조국사 지눌**이 크게 활약하였죠. 그는 당시 불교계가 권력자와 손잡고 세속적 이익만 추구하며 **타락해가는 현실을 비판**하면서, 수선사에서 **승려 본연의 자세로 돌아가 참선이나 노동에 힘쓰자**는 '결사 운동'을 펼쳤죠(수선사 결사 운동). 그리고 지눌은 선종을 중심으로 교종을 통합하려 하였고, 수행의 방법으로 **돈오점수***와 **정혜쌍수***를 주장했어요. 그리고 지눌의 제자인 혜심은 유교와 불교가 다를 바가 없다는 **유불일치설**을 주장하였죠.

보조국사 지눌
돈오점수와 정혜쌍수를 주장
한 지눌

➕ 생각 더하기

교종과 선종의 대립
교종과 선종의 차이가 기억나나요? 경전 연구를 중시했던 교종, 그리고 참선을 중시했던 선종. 신라 말 지방 호족의 지원을 받으며 유행했던 선종이 고려 초에는 잘 나갔어요. 태조 왕건 스스로 호족이었고, 그래서 선종을 후원했거든요. 누구나 참선을 통해 부처가 될 수 있다는 선종, 그건 누구나 노력하면 왕이 될 수 있다는 얘기와 연결되거든요. 왕건이 왕이 되는 데 크나

큰 도움이 된 것이죠.
하지만 시간이 지나 왕건의 후손들이 안정적으로 고려의 왕권을 이어가면서 왕족들은 자연스럽게 교종을 좋아하죠. 교종은 어려운 경전을 연구하고 이해할 수 있는, 몇몇 선택받은 사람만 부처(왕)가 될 수 있다고 해석하는 편이거든요. 고려의 지배층으로 자리 잡은 이들이 권력을 절대 빼앗기기 싫은 것이죠. 그러면서 교종과 선종의 대립과 갈등이 심해진 거예요.

1 괄호 안에서 옳은 것을 고르세요.

(가) 의천은 (교관겸수, 돈오점수)를 주장하며 교종을 중심으로 선종을 통합하려 하였다.

(나) (묘청, 지눌)은 결사운동을 펼쳤고, 정혜쌍수를 주장하며 선종을 중심으로 교종을 통합하려 하였다.

(다) 지눌의 제자인 (일연, 혜심)은 유교와 불교가 다르지 않다는 유불일치설을 주장하였다.

2 정혜쌍수를 주장하며 선종을 중심으로 교종을 통합하려 한 고려의 승려는 보조국사 ○○이다.

3 대각국사 의천에 대한 설명으로 옳지 <u>않은</u> 것은?

① 천태종을 창시하였다.　　　　② 교관겸수를 주장하였다.
③ 결사 운동을 전개하였다.　　　④ 화폐의 발행을 주장하였다.

한능검 기출문제 (가)에 들어갈 인물로 옳은 것은? 제58회 기본 15번

영통사 대각국사비에 대해 검색해 줘.

검색 결과입니다.

영통사 대각국사비는 고려 문종의 넷째 아들로 승려가 된 (가) 의 행적을 새긴 비석이다. 비문에는 그가 송에서 불교를 배우고 돌아와 해동 천태종을 개창한 사실이 기록되어 있다.

① 원효　　② 의천　　③ 지눌　　④ 혜심

- **교관겸수**: 교(敎)는 경전을 통한 가르침(교종), 관(觀)은 참선을 통해 바라봄(선종)을 뜻한다. 겸수는 함께 닦는다는 뜻. 경전 연구와 참선을 함께 해나가되, 경전 연구가 먼저라는 뜻. 교종을 중심으로 선종을 통합하려는 의천의 생각이 담긴 표현.
- **돈오점수**: 참선을 통해 문득 깨닫는다는 의미의 돈오. 그리고 점진적으로 계속 수행한다는 의미의 점수가 합쳐진 말.
- **정혜쌍수**: 정(定)은 자리를 정하고 묵묵히 참선하는 것, 혜(慧)는 지혜를 담은 경전을 연구하는 것. 쌍수는 나란히 수행한다는 의미. 참선과 경전연구를 함께 해나가되, 참선을 앞에 두어 선종을 중심으로 교종을 통합하려 했던 지눌의 생각을 담은 표현.

20 고려의 불교(사원 건축)

부석사 무량수전
신라의 승려인 의상이 부석사를 세움. 현재 남아있는 무량수전이 부석사에서 가장 오래된 목조 건축물로 고려 시대에 세워짐. 배흘림기둥과 주심포 양식으로 만들어짐. 건물 안에 아미타불을 모셔서 무량수전이라 함. 석가모니불을 모신 건축물은 대웅전이라 함.

불교가 발달하면서 전국 각지에 여러 사원(절)이 세워져요. 사원 건축의 기본은 나무로 건물을 짓는 목조 건축이었고, 불에 약한 나무의 특성 때문에 삼국 시대나 남북국 시대의 목조 건축물 가운데 지금껏 남아있는 것은 없어요. 지금 남아있는 가장 오래된 목조 건축물은 모두 고려 시대에 만들어진 것이죠. 그 대표적 건축물이 경북 안동의 **봉정사 극락전**, 충남 예산의 **수덕사 대웅전**, 그리고 경북 영주의 **부석사 무량수전**이죠. 이 중 **가장 오래된 게 봉정사 극락전**이에요. 참, 이 세 건축물은 공통점이 있어요. 기둥의 가운데 부분이 볼록한 **배흘림기둥** 양식, 그리고 그 기둥 위에만 **포(包)***가 있는 주심포 양식이란 공통점을 갖고 있죠.

봉정사 극락전
현재 남아있는 가장 오래된 목조 건축물

수덕사 대웅전

➕ 생각 더하기

포(包)는 목조 건축물의 지붕과 처마의 무게를 견뎌내기 위해 기둥 위에 설치한 장치로 공포, 또는 두공이라고도 해요. 처음에 포는 기둥 위에만 만들어졌어요. 그렇게 기둥 위에만 포를 설치했을 경우, 기둥 주(柱), 마음 심(心)자를 써서 주심포 양식이라 하였죠. 주심포 양식은 비교적 소박한 건축물에 많이 사용되었어요.
근데 시간이 흘러 건축물의 규모가 점점 커지면서 기둥 위의 포만 가지고 지붕과 처마의 무게를 견뎌내기 어려워졌어요. 거기

에 포는 목조 건축물을 보다 화려하게 보이게 하는 효과도 있거든요. 그래서 점차 기둥 위뿐만 아니라 기둥과 기둥 사이에도 여러 개의 포를 만들었는데, 그 양식을 많을 다(多)라는 글자를 써서 다포 양식이라고 하죠. 조선 시대에 경복궁 같은 큰 궁궐이나 숭례문 등의 거대한 건축물을 지을 때, 그 건축물의 엄청난 무게를 견뎌내기 위해서, 그리고 좀 더 화려하고 웅장하게 보이도록 하려고 다포 양식을 많이 사용했어요.

1 괄호 안에서 옳은 것을 고르세요.

(가) 현재 남아있는 우리나라의 가장 오래된 목조 건축물은 (봉정사 극락전, 부석사 무량수전)이다.

(나) 봉정사 극락전, 수덕사 대웅전, 부석사 무량수전은 (신라, 고려)의 대표적 목조 건축물이다.

(다) 목조 건축물에서 지붕과 처마의 무게를 견뎌내기 위해 기둥 위에만 포를 만드는 것을 (다포, 주심포)양식이라 한다.

2 신라의 승려 의상이 창건하였고, 무량수전이라는 건축물이 남아있는 절은 ○○○이다.

3 부석사 무량수전에 대한 설명으로 옳지 <u>않은</u> 것은?

① 배흘림기둥을 사용하였다.

② 주심포 양식으로 세워졌다.

③ 고려 시대에 세워진 건축물이다.

④ 현재 남아있는 우리나라의 가장 오래된 목조 건축물이다.

한능검 기출문제 ➡ (가)에 들어갈 문화유산으로 옳은 것은? 제58회 기본 10번

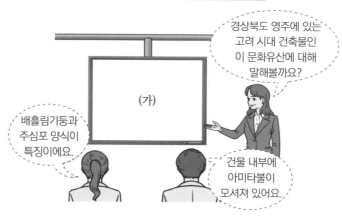

경상북도 영주에 있는 고려 시대 건축물인 이 문화유산에 대해 말해볼까요?

배흘림기둥과 주심포 양식이 특징이에요.

건물 내부에 아미타불이 모셔져 있어요.

①
금산사 미륵전

②
법주사 팔상전

③
화엄사 각황전

④
부석사 무량수전

● **포(包)**: 공포(□包)의 줄임말. 순우리말로 '첫가지'라고 하는데, 목조 건물의 지붕과 처마의 무게를 견뎌내기 위해 만들었다. 아울러 포는 단조로운 목조 건축물에서 화려한 장식품 역할을 한다. 그래서 점차 무게를 견디는 것과 상관없이 기둥과 기둥 사이에도 여러 개의 포를 만들었다.

Ⅳ · 고려의 경제와 문화

불교 국가라고 불러도 손색이 없을 만큼 불교가 크게 발달했던 고려. 불교를 사람들에게 쉽게 이해시키기 위해서 부처의 모습을 한 불상을 많이 만들었죠. 고려 초기 거대한 불상이 많이 세워져요. 대표적인 게 충남 논산의 **관촉사 석조 미륵보살 입상**이죠. 그리고 경기도 하남의 **하사창동**에서 발견된 거대한 철조 불상(철조 석가여래 좌상)도 고려 초기에 만들어졌어요. 아, 그리고 경북 영주의 부석사 무량수전 안에 있

관촉사 석조 미륵보살 입상

는 부석사 소조 아미타여래 좌상도 고려의 대표적 불상이에요.

하남 하사창동 철조 석가여래 좌상

또한, 불탑*도 많이 만들어지는데, 강원도 평창의 월정사 8각 9층 석탑이 고려의 대표적인 석탑이에요. 그리고 원 간섭기에 원의 영향을 받아 만들어진 석탑이 있었죠? 맞아요. **경천사지 10층 석탑**이에요. 일본이 몰래 빼돌렸고, 수많은 사람의 노력으로 다시 국내로 돌아온 탑이죠.

그리고 아미타불이나 관음보살이 중생을 구원하는 모습을 담은 그림, 즉 불화*가 많이 유행하였어요. 고려의 지배층이 극락왕생을 바라는 마음을 담아 그런 그림을 간직하려 했던 것이죠. 대표적인 게 **혜허의 양류관음도**예요.

월정사 8각 9층 석탑

경천사지 10층 석탑

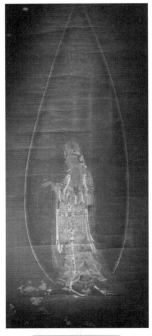

혜허의 양류관음도

우리나라 석탑은 3층, 5층, 9층 등 홀수 탑이 기본이고 단단한 화강암으로 만들어졌음. 근데 이 탑은 원의 영향을 받아 10층, 즉 짝수 탑이고, 그 소재도 대리석임. 개성의 경천사에 있던 탑인데, 한때 일본으로 유출되었다가 다시 되찾아옴. 대리석이 바람과 비에 약하기 때문에 현재 서울 용산의 국립중앙박물관 안에 전시되어 있음.

1 괄호 안에서 옳은 것을 고르세요.

(가) (석굴암 본존불상, 관촉사 석조 미륵보살 입상)은 고려의 대표적인 불상이다.

(나) 고려의 대표적인 석탑은 (월정사 8각 9층 석탑, 불국사 3층 석탑)이다.

(다) 경천사지 10층 석탑은 (당, 원)의 영향을 받아 만들어진 고려의 석탑이다.

2 고려 초기에 거대한 불상이 만들어졌는데, 충남 논산의 ○○○ 석조 미륵보살 입상이 대표적이다.

3 다음 중 고려 시대의 문화 유산이 <u>아닌</u> 것은?

①
관촉사 석조
미륵보살 입상

②
경천사지
10층 석탑

③
월정사 8각
9층 석탑

④
이불 병좌상

한능검 기출문제 (가)에 들어갈 문화유산으로 옳은 것은?　제43회 기본 15번

나
오늘 오후 1:30

#오늘_다녀온_곳 #논산
#보물_제218호에서_국보_제323호로

(가)

👍 좋아요 6　💬 댓글 달기 2　➡ 공유하기

□□
고려 시대의 가장 큰 불상이야.
△△
광종 때 만들어졌다고 해.

①
금동 미륵보살
반가 사유상

②
석굴암 본존불상

③
관촉사 석조
미륵보살 입상

④
용현리 마애
여래 삼존상

🔍 ● **불탑**: 부처의 사리를 모셔놓기 위해 만든 탑. 사리가 없으면 불교경전을 넣어둔다. 불탑 중에 돌로 만든 탑을 석탑이라 한다.

● **불화**: 불교 회화의 줄임말로, 불교와 관련된 그림을 가리키며 탱화라고도 한다.

Ⅳ · 고려의 경제와 문화

핵심정리

📖 **고려의 불교 발달 배경**

① **훈요 10조**: 불교 행사의 중요성 강조
② **승과**: 과거제에서 승려를 대상으로 치름.
③ **국사, 왕사제도**: 덕망 높은 승려를 우대
④ **사원전**: 사원에 지급하던 토지

📖 **고려의 주요 승려**

① **의천**: 왕자 출신, 천태종 창시, 교관겸수 주장
② **지눌**: 조계종, 수선사 결사 운동, 돈오점수와 정혜쌍수 주장
③ **혜심**: 유불일치설

📖 **고려의 건축**

① **봉정사 극락전, 수덕사 대웅전, 부석사 무량수전** : 배흘림기둥, 주심포 양식
② 주심포 양식과 다포 양식의 차이

📖 **불상, 불탑, 불화**

① **불상**: 관촉사 석조 미륵보살 입상, 하남 하사창동 철조 석가여래 좌상, 부석사 소조 아미타여래 좌상
② **석탑**: 월정사 8각 9층 석탑, 경천사지 10층 석탑
③ **불화**: 양류관음도(혜허)

01 다음 퀴즈의 정답으로 옳은 것은? [제54회 기본 16번]

이 인물은 정혜결사를 조직하였으며, 선과 교를 함께 닦아야 한다는 정혜쌍수를 주장하였습니다. 보조국사라고 하는 이 인물은 누구일까요?

한국사 퀴즈 대회

 ① 지눌

 ② 요세

 ③ 혜초

 ④ 원효

02 (가)에 들어갈 인물로 옳은 것은? [제45회 기본 12번]

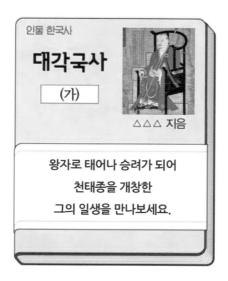

인물 한국사

대각국사

(가)

△△△ 지음

왕자로 태어나 승려가 되어
천태종을 개창한
그의 일생을 만나보세요.

① 의천   ② 혜초   ③ 원효   ④ 묘청

03 (가)에 들어갈 문화유산으로 옳은 것은? 제47회 기본 16번

국보 제18호로 지정된 고려 시대의 목조 건축물이며 경상북도 영주에 소재하고 있다. 배흘림기둥과 주심포 양식이 특징이며 아미타불이 모셔져 있다.

①
전등사 대웅전

②
부석사 무량수전

③
금산사 미륵전

④
법주사 팔상전

04 (가)에 들어갈 문화유산으로 옳은 것은? 제49회 기본 17번

①
이불병좌상

②
안동 이천동 마애 여래 입상

③
석굴암 본존불상

④
서산 용현리 마애 여래 삼존상

05 (가)에 해당하는 탑으로 옳은 것은? [제44회 기본 15번]

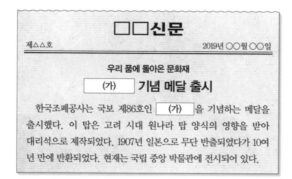

□□신문

제△△호　　　　　　　　　2019년 ○○월 ○○일

우리 품에 돌아온 문화재

(가) 기념 메달 출시

한국조폐공사는 국보 제86호인 (가) 을 기념하는 메달을 출시했다. 이 탑은 고려 시대 원나라 탑 양식의 영향을 받아 대리석으로 제작되었다. 1907년 일본으로 무단 반출되었다가 10여 년 만에 반환되었다. 현재는 국립 중앙 박물관에 전시되어 있다.

①  감은사지 삼층 석탑

②  경천사지 십층 석탑

③  월정사 팔각 구층 석탑

④  화엄사 사사자 삼층 석탑

06 밑줄 그은 '탑'으로 옳은 것은? [제57회 기본 20번]

POST CARD

아빠

저는 지금 강원도 평창에서 산사 체험을 하고 있어요. 이른 아침 일어나 명상을 하고 고려 시대에 만들어진 각각 다른 탑을 돌면서 새해 기도를 드렸어요. 오후에는 오대산 선재길을 따라 상원사에도 갈 계획이에요. 곧 뵐게요.

- 작은 딸 올림

①  불국사 다보탑

②  신륵사 다층 전탑

③  월정사 팔각 구층 석탑

④  화엄사 사사자 삼층 석탑

22 역사서 편찬과 국자감의 변천

삼국시대에도 나라마다 역사서를 편찬하였지만, 안타깝게도 지금까지 전해지는 역사서가 없어요. 고려 건국 이후 『7대 실록』* 등 여러 역사서를 편찬하였지만 대부분 전해지지 않고, 김부식이 주도하여 편찬한 『삼국사기』가 현재 남아있는 우리나라의 가장 오래된 역사서예요. 묘청의 난을 진압하였던 김부식, 기억나죠? 유학자인 김부식은 **유교적 합리주의를 내세워** 『삼국사기』에 단군의 고조선 이야기 등은 기록하지 않았어요. 그리고 신라 계승의식이 강했던 김부식은 **삼국의 역사를 신라 중심으로 편찬**하였죠.

무신 집권기에는 **이규보가 『동명왕편』을 지어** 고구려를 건국한 **동명왕**의 업적을 서사시로 담아냈죠. 그리고 몽골의 침입과 원의 간섭을 겪으면서, 우리 민족의 자주 의식을 담은 역사서가 편찬되었죠. **승려 일연이 편찬한 『삼국유사』**가 바로 그것이에요. 『삼국사기』에 싣지 못하고 남겨진 역사를 기록한다는 의미로 책 이름도 『삼국유사』로 지었어요. 그러면서 **단군의 고조선 건국 이야기를 처음으로 기록**하였죠. **이승휴의 『제왕운기』**에서도 단군과 고조선 이야기를 당당하게 기록하였어요.

그리고 성종 때 설립된 고려의 최고 교육기관인 국자감, 최충이 9재 학당을 설립한 뒤 쇠퇴했었죠. 그 **국자감**이 나중에 **국학, 성균관으로 이름이 바뀌었어요.** 원래 국자감은 유학뿐만 아니라 기술학도 가르쳤는데, **공민왕이 성균관을 순수한 유학 교육기관으로 개편**하였고, 그게 조선 시대 한양의 성균관으로 이어지죠. 참, 원 간섭기인 충렬왕 때 안향이 성리학을 처음 전했고, 그 성리학을 수용하며 성장한 새로운 세력이 신진 사대부라는 것도 기억나죠?

생각 더하기

삼국사기와 삼국유사
김부식이 편찬을 주도한 『삼국사기』는 유교적 합리주의를 내세웠다고 표현하는데, 합리주의란 이성적 판단에 어긋나지 않아야 한다는 의미거든요. 곰이 마늘과 쑥을 먹고 사람이 된다는 얘기는 합리적이지 않고 괴이한 이야기란 의미죠. 그리고 『삼국사기』는 기전체 역사서인데요. 역사적 사실을 일어난 순서대로 모두 기록하는 게 편년체인데(『조선왕조실록』이 대표적이죠), 그렇게 편찬된 역사서를 나중에 재구성해서, 왕에 관한 이야기(본기), 신하에 관한 이야기(열전), 여러 제도에 관한 이야기(지), 그리고 연표로 구분해서 다시 펴내는 방식이 기전체예요(본기의

기, 열전의 전을 묶어서). 그리고 김부식은 무열왕 김춘추의 후손, 즉 신라 왕족의 후손으로 알려져 있어요. 그래서 김부식은 신라 계승의식이 투철했고, 『삼국사기』가 신라 역사를 중심으로 편찬된 까닭을 거기서 찾기도 하죠.
그에 비해 승려 일연이 펴낸 『삼국유사』는 몽골의 침입과 원의 간섭을 거치면서 짓밟힌 우리 민족의 자주 의식을 되살리려 우리 역사의 시작을 단군의 고조선부터 찾아간 것이죠. 그리고 일연이 승려인 까닭에 『삼국유사』는 불교와 관련된 이야기도 아주 많이 담겨있어요.

1 괄호 안에서 옳은 것을 고르세요.

(가) 김부식은 묘청의 난을 진압하였고, (삼국사기, 삼국유사)라는 역사서의 편찬을 주도하였다.

(나) (김부식, 일연)이 편찬한 삼국유사는 단군의 고조선 건국 이야기를 기록하였다.

(다) (이규보, 이승휴)는 동명왕편을 지어 고구려를 건국한 동명왕의 업적을 서사시 형식으로 표현하였다.

2 승려 일연이 편찬하였고, 단군의 고조선 건국 이야기가 실려 있는 역사서는 ○○○○이다.

3 삼국사기에 대한 설명으로 옳지 <u>않은</u> 것은?

① 김부식이 편찬하였다.
② 단군의 고조선 건국 이야기가 실려있다.
③ 삼국의 역사를 신라 중심으로 서술하였다.
④ 현존하는 우리의 가장 오래된 역사서이다.

한능검 기출문제 다음 퀴즈의 정답으로 옳은 것은? 제57회 기본 16번

① 양규 ② 일연 ③ 김부식 ④ 이제현

💡 **7대 실록**: 고려도 조선처럼 왕이 죽으면 그 왕 때 있었던 사실들을 묶어서 『실록』을 편찬했다. 태조실록, 광종실록 등의 이름으로 편찬했던 실록들이 현종 때 거란의 2차 침입으로 개경이 함락되면서 불타자, 태조 왕건부터 목종 때까지 7대에 걸친 실록을 다시 편찬했다. 하지만 지금은 전해지지 않는다.

23 고려의 인쇄술(팔만대장경과 직지)

고려는 인쇄술의 나라였어요. 「무구정광대다라니경」 기억나죠? 경주 불국사 3층 석탑(석가탑)

팔만대장경 판목 중 하나
이 판목에 먹을 바르고 종이를 올려 찍어내어 반으로 접으면 두 페이지가 나옴.
유네스코 세계 기록유산으로 지정됨. 건축물은 대웅전이라 함.

에서 발견된, 현재 남아있는 세계에서 가장 오래된 목판 인쇄물이죠. 그 신라의 목판 인쇄기술이 고려에서 더욱 발달했어요. 고려가 거란의 침략을 물리치기 위해 만든 『초조대장경』과 몽골의 침략을 물리치기 위해 만든 『팔만대장경』이 고려의 목판 인쇄술 발달 수준을 알려주고 있어요.

그리고 고려는 목판 인쇄술에서 한발 더 나아가, 세계 최초로 금속활자를

고려의 금속활자

발명한 나라예요. 고려 정부가 강화도로 천도했던 시기인 1234년에 금속활자로 『상정고금예문』을 인쇄했다는 기록이 남아있는데, 안타깝게도 전해지지는 않아요. 하지만 1377년 청주 흥덕사에서 금속활자로 인쇄한 『직지』*가 프랑스 국립도서관에서 발견되었는데, 그게 세계에서 가장 오래된 금속활자본으로 공식적으로 인정되었죠.

해인사 장경판전
팔만대장경을 보관하고 있는 경남 합천 해인사 장경판전의 내부 모습. 사진 왼쪽에 빼곡하게 꽂혀있는 경판들이 보임. 그 경판의 숫자가 8만 개가 넘어 팔만대장경이라 함. 장경판전은 유네스코 세계 문화유산으로 지정됨.

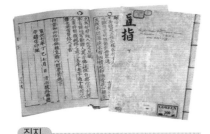

직지
『직지심체요절』이라고도 함. 백운 화상이라는 승려가 쓴 글을 금속활자로 인쇄한 것

➕ 생각 더하기

목판 인쇄술과 금속활자
목판 인쇄술은 나무 판목(목판)에 직접 하나하나 글을 새긴 뒤 거기에 먹물을 바르고 종이를 올려 인쇄하는 기술이에요. 목판이 썩어 없어질 때까지 똑같은 내용만 계속 찍어낼 수 있죠. 목판에 '사랑하는 대한민국'을 새겼다면, '사랑하는 대한민국'만 계속 찍을 수 있죠. 그래서 목판 인쇄술은 대량으로 인쇄할 때 적합한 기술이죠. 겨우 10장, 20장을 인쇄하려고 목판에 글을 새기는 것은 낭비니까요. 차라리 붓으로 10장을 쓰는 게 훨씬 빠르죠.

그에 비해 금속활자는 청동 같은 금속으로 미리 수많은 활자를 만들어 놓고, 그때그때 그 활자들을 편집해서 필요한 내용을 찍어낼 수 있어요. 미리 만들어 놓은 활자 중에서 위에 말한 '사랑하는 대한민국'의 여덟 활자를 차례대로 배열한 뒤, 먹을 바르고 종이를 올려 10장을 인쇄하면 되죠. 그런 다음 다른 글을 인쇄할 때 그 활자를 다시 사용할 수 있어요. '사랑', '한국', '국민' 등 여러 가지가 가능하겠죠? 그래서 금속활자는 소량 인쇄에 적합한 기술이죠.

1 괄호 안에서 옳은 것을 고르세요.

(가) 현재 남아있는 세계에서 가장 오래된 금속활자본은 (직지, 무구정광대다라니경)이다.

(나) 고려는 부처의 힘을 빌려 몽골의 침략을 극복하고자 하는 바람을 담아 (초조대장경, 팔만대장경)을 제작하였다.

(다) 고려는 세계 최초로 (금속활자, 측우기)를 발명한 나라이다.

2 고려는 부처의 힘을 빌려 몽골의 침략을 극복하고자 하는 바람을 담아 ○○○○○을 제작하였다.

3 팔만대장경에 대한 설명으로 옳지 <u>않은</u> 것은?

① 금속활자로 만들어졌다.

② 몽골의 침입 때 제작하였다.

③ 유네스코 세계기록유산으로 지정되었다.

④ 경남 합천의 해인사 장경판전에 보관되어 있다.

 (가)에 들어갈 내용으로 옳은 것은?　제55회 기본 12번

① 김부식이 왕명을 받아 편찬하였다.

② 사초와 시정기를 바탕으로 제작되었다.

③ 우리나라 풍토에 맞는 농법을 소개하였다.

④ 현존하는 세계에서 가장 오래된 금속활자본이다.

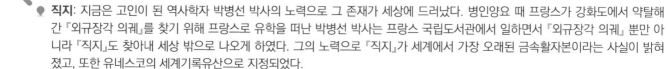

● **직지**: 지금은 고인이 된 역사학자 박병선 박사의 노력으로 그 존재가 세상에 드러났다. 병인양요 때 프랑스가 강화도에서 약탈해 간 『외규장각 의궤』를 찾기 위해 프랑스로 유학을 떠난 박병선 박사는 프랑스 국립도서관에서 일하면서 『외규장각 의궤』 뿐만 아니라 『직지』도 찾아내 세상 밖으로 나오게 하였다. 그의 노력으로 『직지』가 세계에서 가장 오래된 금속활자본이라는 사실이 밝혀졌고, 또한 유네스코의 세계기록유산으로 지정되었다.

24 고려의 공예(상감청자와 나전칠기)

청자 참외 모양 병 | 청자 상감 운학문 매병

둘다 청자인데, 왼쪽 청자는 음각이나 양각으로 무늬를 표현한 것임. 이걸 순청자라고 함. 반면 오른쪽 청자는 도자기 표면에 구름이나 학의 모양을 파낸 뒤, 백토(흰색 흙)을 채워 넣어 무늬를 표현함. 그 기법을 상감법이라 하고, 상감법으로 제작된 청자를 상감청자라 함.

고려에서는 청자와 나전칠기 등을 제작하는 공예 기술도 크게 발달하였어요. 청자와 나전칠기 등의 공예품은 호족, 문벌, 무신, 권문세족으로 이어지는 고려의 지배층, 그들의 생활 공간을 화려하게 장식하는 역할을 하였죠.

먼저 흙으로 모양을 빚고, 거기에 유약을 발라 아주 높은 온도로 구워내는 **자기*** 제작 기술이 발달하였죠. 고려는 벽란도를 통해 송과 교역하면서 송의 자기 제작 기술도 받아들였어요. 송의 기술이 고려의 전통적인 자기 제작 기술과 합쳐지면서, 고려의 자기 제작 기술은 오히려 송을 뛰어넘었어요. 특히 고려의 자기 가운데 비취색이 나는 청자가 많이 생산됐는데, 그 가운데 고려만의 독창적 기법인 상감법을 이용해서 제작된 상감청자가 유명했어요. 고려 시대 청자가 많이 제작된 곳이 강진과 부안 등 전라도 해안가였어요. 근데 **고려 말 왜구의 잦은 침략으로 해안 지역이 황폐해지면서 청자 생산이 급격히 줄고, 대신 분청사기가 제작되기 시작했어요.** 그 분청사기가 조선 전기에 널리 유행하였죠.

나전칠기 팔각함

그리고 고려에서는 **나전칠기 공예가 발달했어요.** 나무 등으로 만든 공예품에 옻(옻나무에서 나오는 까만 진액)으로 칠을 하고, 화려하고 반짝이는 무늬를 가진 조개껍데기(자개)를 얇게 만든 뒤 옻칠을 한 공예품에 붙이거나 박아 넣어서 완성하는 게 나전칠기예요.

나전칠기 경함

1 괄호 안에서 옳은 것을 고르세요.

(가) 나무로 만든 물건에 옻칠을 하고, 얇게 만든 자개를 붙여서 제작한 것은 (나전칠기, 상감청자)이다.

(나) 고려 말 왜구의 침략이 많아지면서 청자 기술이 쇠퇴하고, (분청사기, 청화백자)가 제작되기 시작하였다.

(다) 상감청자는 (송, 고려)의 독창적인 기법인 상감법으로 제작된 청자이다.

2 고려만의 독창적 기법인 상감법을 이용해서 제작된 청자를 ○○○○라 한다.

3 다음 중 상감법으로 제작된 것은?

①

②

한능검 기출문제 다음과 같은 기법으로 제작된 문화유산으로 옳은 것은? 제51회 기본 15번

도자기 표면에 무늬 새기기 ➡  무늬에 다른 색의 흙 메우기 ➡  다른 색 흙을 긁어내어 무늬 나타내기

①
기마 인물형 토기

②
백자 철화 끈무늬 병

③
청자 참외 모양 병

④
청자 상감 모란문 표주박 모양 주전자

 도자기와 자기: 도자기는 도기와 자기를 합쳐 부르는 말. 도기와 자기 모두 흙을 빚어 불로 구워내는데, 도기는 비교적 낮은 온도에서 구워낸 것으로 높은 온도로 구워내는 자기에 비해 품질이 떨어진다.

IV · 고려의 경제와 문화

핵심정리

📖 고려의 역사서

❶ 삼국사기: 현존하는 우리나라의 가장 오래된 역사서, 김부식이 편찬, 기전체, 신라 중심의 서술
❷ 삼국유사: 승려 일연이 편찬, 불교사 중심, 단군의 고조선 건국 이야기 수록
❸ 기타: 동명왕편(이규보), 제왕운기(이승휴)

📖 국자감의 변천

성종 때 설립 ➡ 최충이 9재 학당을 설립하면서 쇠퇴 ➡ 국학, 성균관으로 이름이 바뀜.
➡ 공민왕이 성균관을 순수 유학 교육기관으로 개편

📖 고려의 인쇄술

❶ 목판 인쇄술: 초조대장경, 팔만대장경 제작
❷ 금속활자: 세계 최초 발명, 상정고금예문 및 직지 인쇄
❸ 직지: 현존하는 세계에서 가장 오래된 금속활자본

📖 공예

❶ 청자: 상감청자(상감법)가 유명, 고려 말 분청사기 등장(조선 전기에 유행)
❷ 나전칠기: 옻칠, 자개(조개껍데기)로 장식

01 밑줄 그은 '이 책'으로 옳은 것은? 제54회 기본 11번

이 책은 승려 일연이 쓴 역사서입니다. 왕력, 기이, 흥법 등 9편으로 구성되어 있으며, 단군의 고조선 건국 이야기가 실려 있습니다.

① 발해고　　　　② 동국통감　　　　③ 동사강목　　　　④ 삼국유사

02 (가)~(다) 학생이 발표한 내용을 일어난 순서대로 옳게 나열한 것은? 제57회 기본 12번

〈 배움 주제: 고려의 교육 기관 〉

인재를 양성하기 위해 국자감이 처음 설치되었어요.

사립 학교인 9재 학당이 세워졌어요.

성균관이 정비되어 유학 교육이 강화되었어요.

(가)　　　(나)　　　(다)

① (가) - (나) - (다)　　　② (가) - (다) - (나)
③ (나) - (가) - (다)　　　④ (다) - (가) - (나)

Ⅳ · 고려의 경제와 문화

03 (가)에 들어갈 문화유산에 대한 설명으로 옳은 것은? 제52회 기본 17번

이곳 합천 해인사 장경판전에는 고려 시대에 제작된 (가) 이/가 현재까지 잘 보존되어 있습니다. 그 이유는 건물의 통풍이 잘 되도록 위아래 창의 크기를 서로 다르게 하였고 안쪽 흙바닥 속에 숯과 횟가루를 넣어 습도를 조절하였기 때문입니다.

① 승정원에서 편찬하였다.
② 시정기와 사초를 바탕으로 제작하였다.
③ 현존하는 가장 오래된 금속활자본이다.
④ 부처의 힘으로 몽골의 침입을 물리치고자 만들었다.

04 다음과 같은 방식으로 제작된 문화유산으로 옳은 것은? 제46회 기본 17번

밀랍으로 활자 만들기 → 거푸집을 만들어 쇳물 붓기 → 금속활자를 떼어 다듬기 → 활자를 배열하고 인쇄하기

① 사발통문
② 왕오천축국전
③ 직지심체요절
④ 팔만대장경판

05 (가)에 들어갈 공예품으로 옳은 것은? 제46회 초급 15번

①
청화백자

②
놋그릇

③
화문석

④
나전칠기

06 (가)에 들어갈 문화유산으로 옳은 것은? 제48회 기본 12번

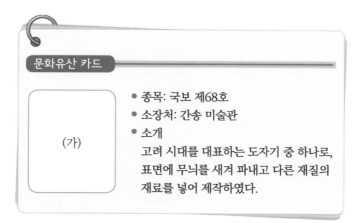

문화유산 카드

(가)

● 종목: 국보 제68호
● 소장처: 간송 미술관
● 소개
고려 시대를 대표하는 도자기 중 하나로,
표면에 무늬를 새겨 파내고 다른 재질의
재료를 넣어 제작하였다.

①
분청사기 철화
어문 항아리

②
백자 철화
끈무늬 병

③
청자 상감
운학문 매병

④
청자
참외모양 병

Ⅳ · 고려의 경제와 문화

정답과 풀이

3 1 독해

한국사

2권

Ⅰ. 고려 초기의 정치와 통치제도의 정비

본문 11쪽

1 태조 왕건, 나라의 기틀을 다지다

1 (가) 왕건 (나) 역분전 (다) 청천강
2 ③ 쌍기의 건의를 받아들여 과거제를 실시한 것은 광종이죠.
3 흑창

오답 피하기 ① 태조 왕건은 빈민 구제를 위하여 흑창을 설치하였고, ② 후대의 왕들에 대한 가르침을 담아 훈요 10조를 남겼죠. ④ 호족세력을 견제하기 위해 사심관 제도와 기인 제도를 실시한 것도 태조 왕건이고요.

한능검 기출문제

정답 ①

풀이 호족을 포용하여 고려를 세우고, 평양을 서경으로 삼아 북진정책을 추진한 이는 태조 왕건이죠. 태조 왕건은 후대의 왕들에 대한 가르침을 담아 훈요 10조를 남겼죠.

오답 피하기 ② 한양에 도읍을 정한 것은 조선을 건국한 태조 이성계, ③ 노비안검법을 실시한 것은 광종, ④ 전민변정도감을 설치한 것은 고려 말 공민왕이죠.

본문 13쪽

2 광종, 노비안검법과 과거제를 실시하다

1 (가) 쌍기 (나) 호족 (다) 전시과
2 노비안검법
3 ① 훈요 10조를 남긴 것은 태조 왕건이에요.

오답 피하기 ② 광종은 쌍기의 건의를 받아들여 과거제를 실시하였고, ③ 불법으로 노비가 된 이들을 조사하여 양민으로 해방시키는 노비안검법을 실시하였죠. ④ 광종은 스스로 황제라 칭하며 광덕, 준풍 등의 독자적인 연호를 사용했어요.

한능검 기출문제

정답 ③

풀이 쌍기의 건의를 받아들여 과거 시험을 통해 관리를 선발

하게 한 왕은 광종이죠. 광종은 불법으로 노비가 된 이들을 조사하여 양민으로 해방시키는 노비안검법을 실시하였죠.

오답 피하기 ① 훈요 10조를 남긴 왕은 태조 왕건, ② 몽골의 침입에 대비해 개경에서 강화도로 도읍을 옮긴 왕은 고려의 고종인데요, 그보다는 당시 최고 권력자인 최우를 기억하세요. ④ 기철은 원 간섭기 대표적인 친원파인데요, 자신의 누이가 원의 황후(기황후)가 되면서 막강한 권력을 휘둘렀어요. 그를 제거한 왕은 공민왕이죠.

본문 15쪽

3 성종, 여러 제도를 완성하다

1 (가) 최승로 (나) 국자감 (다) 의창
2 최승로
3 ① 성종은 최승로의 건의를 받아들여 전국의 주요 지역에 12목을 설치하고 지방관을 파견하기 시작하였죠.

오답 피하기 ② 전시과 제도를 처음 시행한 것은 경종, ③ 광덕, 준풍 등의 독자적 연호를 사용한 것은 광종, ④ 사심관 제도와 기인 제도를 시행한 것은 태조 왕건이죠.

한능검 기출문제

정답 ②

풀이 성종은 최승로의 건의를 받아들여 전국의 주요 지역에 12목을 설치하고 지방관을 파견하기 시작하였죠.

오답 피하기 ① 상대등은 신라의 최고 관직이죠. 법흥왕 때 설치되었고, 화백회의를 주관하였죠. ③ 과거제를 실시한 것은 광종 때인데, 그건 성종 이전이에요. ④ 김헌창의 난은 신라 하대에 있었고요.

한국사능력검정시험 도전하기

본문 17쪽

01 (제57회 기본 11번)

정답 ①

풀이 (가) 왕은 태조 왕건이에요. 신라의 항복, 그리고 사심관 제도의 실시 모두 태조 왕건 때 있었던 일이니까요. 태조 왕건은

왕이 될 자신의 후손들에게 훈요 10조를 남겼죠.

오답 피하기 ② 과거제 시행은 광종, ③ 만권당은 원 간섭기에 충선왕이 원의 수도인 연경에 세운 서재(도서관)예요. 이곳에서 이제현이 원의 학자들과 교류하였죠. ④ 전시과 제도를 처음 마련한 것은 경종이고요.

02 (제38회 기본 10번)

정답 ①

풀이 고려를 세우고, 후삼국을 통일하고, 훈요 10조를 남긴 것은 태조 왕건이죠. 태조 왕건은 평양을 서경으로 삼았고, 그 서경을 발판으로 옛 고구려의 땅을 되찾자는 북진정책을 추진하였죠.

오답 피하기 ② 한성에서 웅진으로 도읍을 옮긴 것은 백제의 문주왕 때고요. 고구려 장수왕의 공격으로 한성이 함락되고 개로왕이 전사하자 어쩔 수 없이 웅진(공주)으로 도읍을 옮겼죠. 문주왕 때의 일이라는 것은 몰라도 돼요. 웅진으로 도읍을 옮긴 것이 백제의 역사라는 것만 알면 충분해요. ③ 노비안검법의 시행은 광종, ④ 12목의 설치는 고려의 성종이죠.

03 (제51회 기본 12번)

정답 ③

풀이 고려 광종은 원래 양인이었다가 억울하게 노비가 된 이들을 다시 양인으로 해방시키는 노비안검법을 실시하였죠. 이를 통해 호족세력을 견제하였고요.

오답 피하기 ① 훈요 10조를 남긴 건 태조 왕건, ② 교정도감은 최씨 무신정권의 최충헌이 설치한 최고 권력기관이죠. 당시 왕은 희종인데, 최충헌이 최고 권력자였죠. ④ 12목에 지방관을 파견한 것은 고려의 성종이고요. 최승로의 건의도 기억나죠?

04 (제48회 기본 11번)

정답 ①

풀이 원래 양인이었다가 불법으로 노비가 된 이들을 조사하여 다시 양인으로 해방시키는 노비안검법을 실시한 것은 광종이죠. 광종은 이를 통해 호족세력을 견제하고, 왕권을 강화시키려 했죠.

오답 피하기 ② 이자겸의 난으로 왕권이 추락하자 인종은 묘청 등과 함께 서경 천도를 계획했었고요. ③ 태조 왕건은 고구려의 옛땅을 되찾자는 북진정책을 추진했죠. ④ 현종은 고려의 지방

행정구역을 5도와 양계로 정비하였죠. 모두 시기상으로 맞는 얘기지만, 제시된 다큐멘터리의 제목으로는 적합하지 않아서 오답이 되는 것이죠.

05 (제52회 기본 11번)

정답 ③

풀이 최승로의 시무 28조, 2성 6부제 마련, 그건 고려의 성종이죠. 성종은 최승로의 건의를 수용하여 지방에 12목을 설치하고 지방관을 파견하였죠.

오답 피하기 ① 관료전을 지급하고 녹읍을 폐지한 것은 통일 신라의 신문왕, ② 대마도를 정벌한 것은 고려 말 창왕 때 박위, 그리고 조선 세종 때 이종무에 의해서 이뤄져요. ④ 북한산 순수비는 신라 진흥왕이 한강 하류지역을 차지하면서 세워졌죠.

06 (제50회 기본 15번)

정답 ①

풀이 (가)에 들어갈 왕은 고려의 성종이죠. 성종은 최승로의 시무 28조를 수용하면서 최승로의 건의에 따라 전국의 주요 지역에 12목을 설치하고 지방관을 파견하였죠.

오답 피하기 ② 집현전을 학술 기관으로 개편한 것은 조선 세종, ③ 경국대전은 조선의 최고 법전이에요. 조선 세조 때 편찬을 시작하여 성종 때 완성하여 반포했죠. ④ 독서삼품과는 통일 신라의 원성왕 때 실시하였죠.

본문 21쪽

4 중앙 정치기구와 지방 행정제도

1 (가) 중서문하성 (나) 도병마사 (다) 어사대 (라) 5도 양계

2 ④ 고려는 지방관이 파견되지 않은 군과 현이 더 많았어요. 모든 군과 현에 지방관을 파견한 것은 조선이에요.

오답 피하기 ①, ②, ③ 모두 맞는 설명이에요.

3 안찰사, 병마사

한능검 기출문제

정답 ④

풀이 중서문하성의 고위관료인 재신과 중추원의 고위 관료

인 추밀이 모여 국방과 군사 문제를 논의하던 고려의 정치기구는 도병마사예요.

오답 피하기 ① 고려의 삼사는 곡식이나 화폐의 출납 등 재정을 담당했어요. ② 어사대는 관리들의 비리를 감찰하고 정치의 잘잘못을 비판하는 기구였죠. ③ 의정부는 조선의 최고 관청이죠. 영의정, 좌의정, 우의정 등 3명의 정승이 이끌었고요.

본문 23쪽

5 교육과 과거제도

1 (가) 국자감 (나) 최충 (다) 광종

2 음서제(음서)

3 ② 고려의 과거제는 무신 관료(무관)를 선발하는 무과가 시행되지 않았어요. 대신 전쟁 중에 공을 세우거나 무예가 뛰어난 이들을 무신(군인)으로 선발하였죠.

오답 피하기 ① 과거제가 처음 시행된 것은 광종 때죠. ③ 최승로의 건의에 따라 성종은 12목을 설치하고 지방관을 파견하였죠. 과거제 시행을 건의한 것은 광종 때 쌍기였죠. ④ 천민(노비)만 아니면 법적으로 과거 응시가 가능했어요.

한능검 기출문제

정답 ②

풀이 자료에서 설명하는 것은 모두 고려의 과거제에 대한 설명이에요.

오답 피하기 ① 골품제는 신라의 고유한 신분 제도였죠. ③ 양천제는 신분을 크게 양인과 천인으로 나누는 제도예요. ④ 음서제는 고려 시대 왕족, 공신, 5품 이상 고위 관료의 자손들이 과거를 거치지 않고도 관직에 나아갈 수 있게 한 제도였죠.

본문 25쪽

6 농민 생활의 안정을 위한 여러 사회제도

1 (가) 의창 (나) 상평창 (다) 향도

2 상평창

3 ④ 고려의 의창은 봄에 곡식을 빌려주고 가을에 돌려받는 방식으로 가난한 사람들을 구제하는 기구였어요. 고구려의 진대

법, 태조 왕건의 흑창을 계승한 것이죠.

오답 피하기 ① 향도 ② 어사대 ③ 상평창에 대한 설명이에요.

한능검 기출문제

정답 ②

풀이 개경과 서경 및 12목에 설치되었다, 이게 고려 시대라는 것을 알려 주고 있죠. 그리고 풍년에는 곡물을 사들이고 흉년에는 곡물을 풀어 물가를 조절하였다는 이야기, 바로 상평창에 대한 설명이죠.

오답 피하기 ① 중방은 고려 시대 무신들의 회의기구였다가 무신정변 이후 최고 권력기관이 되었죠. ③ 어사대는 고려 시대에 관리들의 비리를 감찰하고, 정치의 잘잘못을 비판하던 기구였죠. ④ 식목도감은 중서문하성과 중추원의 고위 관료들이 모여 법률이나 국가의 중요한 행사 등에 대해 논의했던 기구죠. 국방에 관한 문제를 논의한 곳은 도병마사였고요.

한국사능력검정시험 도전하기

본문 27쪽

01 (제48회 기본 13번)

정답 ①

풀이 고려 시대에 관리들의 비리를 감찰하고 정치의 잘잘못을 비판하던 기구는 어사대죠. 특히 어사대의 관원과 중서문하성의 낭사는 대간으로 불리며, 올바른 정치가 이뤄질 수 있도록 하는 역할을 담당하였어요.

오답 피하기 ② 의정부는 조선의 최고 관청이에요. 영의정, 좌의정, 우의정 등 3명의 정승이 이끌었죠. ③ 중추원은 고려 시대에 군사기밀을 다루고 왕의 명령을 신하들에게 전달하던 기구죠. ④ 도병마사는 중서문하성과 중추원의 고위 관료들이 모여 국방에 관한 문제를 논의했던 기구죠. 이 도병마사는 원 간섭기에 도평의사사로 이름이 바뀔 거예요.

02 (제36회 기본 11번)

정답 ③

풀이 주요 지역에 5소경을 둔 것은 통일 신라죠. 9주 5소경 기억나죠? 신라의 수도인 경주가 너무 치우쳐 있어, 그걸 보완하

고자 삼국통일 이후 5소경을 두었죠.

오답 피하기 ①, ②, ④ 모두 고려의 지방 행정제도를 맞게 설명했어요. 고려는 전국을 5도와 양계로 나누었고, 5도에는 안찰사, 양계에는 병마사를 파견하였죠. 그리고 특수 행정구역인 향, 부곡, 소를 두었는데, 그 가운데 소의 주민들은 수공업 활동에 종사하였죠.

03 (제54회 기본 13번)

정답 ④

풀이 공주 명학소에서 망이, 망소이 등이 봉기하였다. 그리고 원에 사신을 보내는 상황, 모두 고려 시대에 있었던 일이죠. 고려는 전국을 5도와 양계로 나누었는데, 일반 행정구역인 5도에는 안찰사를, 군사 행정구역인 양계(북계와 동계)에는 병마사를 파견하였죠.

오답 피하기 ① 전국을 8도로 나눈 것은 조선, ② 22담로에 왕족을 파견한 것은 백제, ③ 주요 지역에 5소경을 설치한 것은 통일 신라죠.

04 (제48회 기본 15번)

정답 ③

풀이 고려 성종 때 설립되었으며, 유학과 기술 교육을 담당했던 고려의 최고 교육기관은 국자감이죠.

오답 피하기 ① 경당은 고구려의 교육기관이에요. 소수림왕 때 설립한 태학과 함께. ② 향교는 고려와 조선 시대에 국가가 지방에 설립한 유학 교육기관이었죠. 하지만 최고 교육기관은 아니에요. 고려의 국자감, 조선의 성균관이 각각 최고 교육기관이었죠. ④ 주자감은 발해의 최고 교육기관이었고요.

05 (제54회 기본 17번)

정답 ③

풀이 고려 시대의 사회 모습을 묻고 있네요. 골품제는 신라의 고유한 신분제였죠. 고려 시대와는 관련이 없어요.

오답 피하기 ① 고려는 성종 때 의창을 두어 빈민을 구제하였죠. ② 불교와 토속 신앙이 결합된 팔관회는 연등회와 함께 고려 시대에 크게 성행했고요. ④ 고려는 가족 내에서 여성에 대한 차별이 거의 없어서 여성도 호주가 될 수 있었고, 재산을 상속할 때도 딸에 대한 차별이 없었죠.

06 (제46회 중급 14번)

정답 ④

풀이 고려 시대에 군사기밀을 담당하고, 왕명을 출납했던 정치 기구는 중추원이에요. 중추원의 고위 관료인 추밀은 중서문하성의 고위 관료인 재신과 함께 도병마사와 식목도감에 참여하였죠.

오답 피하기 ① 사헌부는 조선 시대에 관리들의 비리를 감찰하던 기구예요. ② 승정원은 조선 시대에 왕명의 출납을 담당하던 기구이죠. ③ 정당성은 발해의 3성 6부 가운데 최고 관청이었죠. ⑤ 집사부는 신라의 최고 관청이었죠.

Ⅱ. 고려사회의 동요와 대외관계

본문 33쪽

7 이자겸의 난과 묘청의 서경천도운동

1 (가) 이자겸 (나) 묘청 (다) 김부식

2 ① 금을 섬기자면서 금의 사대 요구를 수용한 것은 이자겸이죠. 반면 묘청은 금을 정벌하자고 주장하며 서경천도운동을 이끌었고요.

3 묘청

한능검 기출문제

정답 ①

풀이 인터뷰의 주인공은 묘청이죠. 묘청은 서경으로 수도를 옮기면 천하를 다스릴 수 있고, 금이 스스로 항복할 것이라고 주장하며 서경천도운동을 이끌었는데, 개경의 귀족들이 반대하면서 서경천도운동이 좌절되자 난을 일으켰죠.

오답 피하기 ② 김흠돌의 난은 통일 신라의 신문왕 때, ③ 홍경래의 난은 조선 후기인 19세기에 세도정치에 반발해서 일어난 사건이고요. ④ 원종과 애노의 난은 신라 하대 진성여왕 때 일어났어요.

본문 35쪽

8 무신정변, 무신의 시대가 열리다

1 (가) 교정도감 (나) 최우 (다) 중방
2 (나) → (다) → (가)
3 최충헌
4 ① 교정도감을 설치한 것은 최우의 아버지 최충헌이죠.

한능검 기출문제

정답 ②

풀이 자료의 만화는 무신정변의 발생 배경과 과정을 보여주고 있어요. 이의방, 정중부 등은 무신에 대한 차별에 반발하며 무신정변을 일으키고 권력을 장악하였죠.

오답 피하기 ① 갑신정변은 1884년 김옥균 등 급진개화파가 일으킨 사건이에요. ③ 원종과 애노의 난은 신라 말 진성여왕 때 일어난 농민봉기였고요. ④ 망이·망소이의 난은 무신정권 시기에 공주 명학소에서 일어났죠.

본문 37쪽

9 무신정권 시기 농민과 천민의 봉기

1 (가) 조위총 (나) 망이와 망소이 (다) 개경
2 만적
3 ③ 원종과 애노의 난은 신라 말 진성여왕 때 일어난 농민봉기였죠.

한능검 기출문제

정답 ③

풀이 망이·망소이의 난과 만적의 난은 모두 무신정권 시기에 일어난 사건이에요.

오답 피하기 ① 1894년 동학농민운동 과정에서 농민군이 전주성을 점령하였어요. ② 서경 천도를 주장한 것은 묘청의 서경천도운동인데, 그건 무신정변 이전이죠. ④ 청의 군대에 의해 진압되는 것은 1882년 임오군란과 1884년 갑신정변 때 볼 수 있는 모습이에요.

본문 39쪽

01 (제58회 기본 14번)

정답 ②

풀이 자료의 상황은 묘청의 난을 보여주고 있어요. 이자겸의 난 → 묘청의 서경천도운동 → 무신정변, 이 흐름을 기억해두세요. 이자겸의 난, 묘청의 난 모두 문신들 사이의 권력 다툼에서 비롯된 것이고, 그런 일들을 지켜보다가 오랜 기간 문신들에게 차별을 받아왔던 무신들이 무신정변을 일으켰거든요.

02 (제36회 기본 11번)

정답 ①

풀이 (가) 인물은 김부식이에요. 묘청의 난을 진압했던 김부식은 지금 남아있는 가장 오래된 역사서인 『삼국사기』의 편찬을 주도하였죠.

오답 피하기 ② 금국 정벌을 주장한 것은 묘청 ③ 화통도감을 설치하여 화약 무기를 개발한 것은 최무선 ④ 고려에 성리학을 처음 소개한 사람은 안향이에요.

03 (제48회 기본 14번)

정답 ②

풀이 왼쪽 삽화는 무신정변, 오른쪽 삽화는 삼별초의 항쟁을 보여주고 있네요. 삼별초는 최씨 무신정권의 최우가 설치하였고, 이 삼별초가 개경 환도에 반대하면서 강화도에서 진도로, 다시 제주도로 옮겨가며 몽골에 대한 항쟁을 계속하였죠. 따라서 (가)에 들어갈 수 있는 것은 '최우가 정방을 설치하였다'가 되는 거예요.

오답 피하기 ① 김헌창의 난은 신라 하대에 일어났고요. ③ 묘청이 금 정벌을 주장한 것은 무신정변 이전이었죠. ④ 서희가 외교 담판으로 강동 6주를 획득한 것은 거란의 1차 침입 때인데, 그건 고려 초 성종 때예요.

04 (제55회 기본 14번)

정답 ③

풀이 왼쪽 삽화는 무신정변, 오른쪽 삽화는 몽골의 침입 때 승려 김윤후가 충주성에서 몽골군과 맞서 싸우는 상황을 보여주고 있네요. 그러니까 (가)에는 무신정권 시기에 발생한 일이 들어가면 되죠. 노비 만적이 개경에서 신분 해방을 목표로 봉기를 모

의한 게 최충헌이 집권했던 시기니까 정답이 되는 거죠.

오답 피하기 ① 이자겸이 난을 일으킨 것, ② 묘청이 서경 천도를 주장한 것, 모두 무신정변 이전이죠. ④ 강감찬이 귀주에서 큰 승리를 거둔 것은 거란의 3차 침입 때인데, 그건 이자겸의 난보다 먼저예요.

05 (제41회 기본 14번)

정답 ①

풀이 자료는 최충헌의 노비로 알려진 만적이 신분 해방을 목표로 봉기하려던 만적의 난을 보여주고 있어요.

오답 피하기 ② 묘청의 난은 서경천도운동이 좌절되자 묘청이 서경에서 일으킨 봉기였고요. ③ 망이 · 망소이의 난은 공주 명학소의 주민들을 중심으로 특수 행정구역인 소의 주민들에 대한 차별을 없애려 일으켰죠. ④ 원종과 애노의 난은 신라 말 진성여왕 때 일어난 농민봉기였고요.

06 (제60회 기본 16번)

정답 ②

풀이 고려 무신정권 시기의 최고 권력기구는 중방과 교정도감이 있었죠. 이 가운데 중방은 무신들의 회의기구였다가 무신정변 직후에 정중부, 이의방 등에 의해 최고 권력기구 역할을 했었죠. 그에 비해 교정도감은 최충헌이 최고 권력자가 된 뒤 설치한 것으로 최씨 무신정권의 최고 권력기구가 되었죠.

오답 피하기 ① 중방은 무신정권 초기의 최고 권력기구로 최충헌이 설치하지 않았어요. ③, ④ 도병마사와 식목도감은 중서문하성의 고위 관료인 재신과 중추원의 고위 관료인 추밀이 모여 국가의 중요한 일을 논의하던 임시 기구였죠. 먼저 도병마사는 국방과 군사 등에 관한 문제를, 그리고 식목도감은 국가의 중요한 법률이나 규칙을 정하는 일을 맡았죠.

본문 43쪽

10 거란의 침략을 물리치고 천리장성을 쌓다

1 (가) 송 (나) 서희 (다) 강감찬

2 강동

3 ③ 황룡사 9층 목탑을 건립한 것은 신라의 선덕여왕 때예요. 그 탑이 몽골의 침입 때 불탔죠.

오답 피하기 ① 거란의 침입 때 고려는 부처의 힘을 빌려 거란을 물리치려는 염원을 담아 초조대장경을 제작하였어요. ② 거란의 1차 침입 때 서희가 외교담판을 통해 강동 6주를 확보하였고요. ④ 강감찬이 귀주대첩을 통해 거란군을 물리친 건 거란의 3차 침입 때였죠.

한능검 기출문제

정답 ①

풀이 거란의 1차 침입 당시 거란의 장수 소손녕과 외교담판을 벌이고 있는 서희의 모습을 보여주고 있네요. 서희는 외교담판을 통해 강동 6주를 확보하였죠.

오답 피하기 ② 별무반을 이끌고 여진을 몰아낸 뒤 동북 9성을 축조한 것은 윤관이죠. ③ 고려 말 화통도감을 설치하여 화약 무기를 개발하고 진포대첩에서 왜구를 물리친 것은 최무선이에요. ④ 4군과 6진을 개척한 것은 조선 세종 때 최윤덕과 김종서였고요.

본문 45쪽

11 여진을 몰아내고 동북 9성을 쌓다

1 (가) 별무반 (나) 동북 9성 (다) 이자겸

2 (가) → (다) → (나)

3 별무반

한능검 기출문제

정답 ④

풀이 별무반을 이끌고 여진을 정벌한 건 윤관이죠. 윤관은 여진을 정벌한 뒤 동북 9성을 축조하였죠.

오답 피하기 ① 우산국을 정복한 것은 신라 지증왕 때 이사부였죠. ② 4군 6진을 설치한 것은 조선 세종 때 최윤덕과 김종서예요. ③ 거란의 1차 침입 때 서희가 강동 6주를 확보하였죠.

정답과 풀이

본문 47쪽

12 **몽골의 침략, 그 기나긴 싸움**

1 (가) 최우 (나) 팔만대장경 (다) 삼별초

2 초조, 팔만

3 ② 별무반을 편성한 것은 고려가 여진을 정벌하기 위해서 한 일이죠. 그건 몽골의 침략 훨씬 이전의 사실이고요.

오답 피하기 ①, ③, ④ 모두 몽골의 침입 과정에서 있었던 사실들이죠.

한능검 기출문제

정답 ③

풀이 자료의 외교문서는 몽골이 고려에 보낸 거예요. 칸(칭키즈 칸을 떠올려 보세요), 저고여의 죽음이 몽골의 침략을 알려주는 키워드죠. 몽골이 침입했을 때 김윤후 부대가 처인성에서 적장인 살리타를 사살하면서 몽골군을 물리쳤죠.

오답 피하기 ① 이자겸은 여진이 세운 금의 사대요구를 수용하였어요. ② 서희가 소손녕과 외교담판을 벌인 것과 ④ 강감찬이 군사를 이끌고 귀주에서 크게 승리한 것은 모두 거란의 침입과 관련되죠.

한국사능력검정시험 도전하기

본문 49쪽

01 (제43회 기본 11번)

정답 ①

풀이 서울 낙성대에서 태어났고, 귀주에서 거란의 3차 침입을 물리쳤다(귀주대첩). 그럼 (가) 인물은 강감찬이죠.

오답 피하기 ② 서희는 거란의 1차 침입 때 외교담판으로 강동 6주를 확보하였죠. ③ 윤관은 별무반을 이끌고 여진을 정벌한 뒤 동북 9성을 쌓았고요. ④ 정중부는 이의방 등과 함께 무신정변을 일으켰죠.

02 (제58회 기본 17번)

정답 ②

풀이 (가)는 윤관이죠. 별무반을 이끌고 여진을 물리친 뒤 동

북 9성을 쌓았던 인물이죠.

오답 피하기 ① 거란의 1차 침입 때 외교담판으로 강동 6주를 획득한 것은 서희 ③ 대마도(쓰시마)를 정벌한 것은 고려 말 박위와 조선 세종 때 이종무였죠. ④ 쌍성총관부를 수복한 것은 고려 말 공민왕 때 유인우 등인데 공민왕 때 일이라는 것만 알면 충분해요.

03 (제49회 기본 15번)

정답 ③

풀이 김윤후가 충주성에서 노비들과 함께 전투를 벌이는 상황을 보여주고 있네요. 바로 몽골의 침입 때 상황이에요. 몽골이 침입한 것은 최우가 최씨 무신정권을 이끌던 시기였고, 몽골과의 전쟁이 끝난 뒤 개경으로 환도하였으니까 제시된 연표에서 (다) 시기가 정답이 되는 것이죠.

04 (제52회 기본 13번)

정답 ②

풀이 (가)는 몽골의 침입 때 배중손의 지휘 아래 삼별초가 항쟁하는 모습, (나)는 거란의 3차 침입 때 강감찬이 귀주대첩을 이끄는 모습, (다)는 윤관이 별무반을 이끌고 여진을 정벌하는 모습이네요. 고려는 거란, 여진, 몽골의 순서로 침입을 당했으니까 (나) – (다) – (가)가 정답이 되는 것이죠.

05 (제45회 기본 14번)

정답 ②

풀이 (가)는 윤관의 여진 정벌, (나)는 거란의 1차 침입 때 서희의 활약, (다)는 몽골의 침입 때 김윤후의 활약을 보여주고 있죠. 고려는 거란, 여진, 몽골의 순서로 침입을 당했으니까 (나) – (가) – (다)가 정답이 되는 것이죠. 거여몽을 기억해두면 편해요.

06 (제38회 기본 17번)

정답 ③

풀이 삼별초의 항쟁에 대해 묻고 있네요. 삼별초는 최씨 무신정권의 최우가 설치하였고, 이 삼별초가 개경 환도에 반대하면서 강화도에서 진도로, 다시 제주도로 옮겨가며 몽골에 대한 항쟁을 계속하였죠. 그걸 이끈 사람이 배중손과 김통정이었죠.

오답 피하기 ① 4군 6진을 개척한 것은 조선 초 세종 때 최윤덕

과 김종서이고요. ② 강동 6주를 확보한 것은 거란의 1차 침입 때 서희였죠. ④ 행주산성에서 승리를 거둔 것은 임진왜란 때 권율이었죠.

Ⅲ. 원의 간섭과 공민왕의 개혁

본문 55쪽

13 원의 간섭, 그리고 권문세족의 성장

1 (가) 정동행성 (나) 쌍성총관부 (다) 권문세족
2 정동행성
3 ④ 2성 6부제가 마련된 것은 고려 초 성종 때예요. 원 간섭기에는 2성 6부가 사라지고 1부 4사 체제로 바뀌었죠.

한능검 기출문제

정답 ③

풀이 밑줄 친 '이 시기'는 고려가 원의 간섭을 받던 시기에요. 여진 정벌을 위해 별무반이 편성된 것은 그보다 훨씬 이전의 사실이죠.

본문 57쪽

14 공민왕이 원의 간섭을 물리치고 개혁을 추진하다

1 (가) 쌍성총관부 (나) 권문세족 (다) 신돈
2 정동행성
3 ① 정방을 설치한 것은 최씨 무신정권의 최우였죠. 공민왕은 왕권을 강화하고자 정방을 폐지하였어요.

한능검 기출문제

정답 ④

풀이 학생들이 공통적으로 얘기하고 있는 왕은 고려 말 공민왕이죠. 공민왕은 쌍성총관부를 공격하여 철령 이북의 땅을 되찾았어요.

오답 피하기 ① 조선 후기 영조 때 균역법을 시행하였어요. ②

통일 신라의 원성왕 때 독서삼품과를 실시하였고요. ③ 조선 초 세종 때 삼강행실도를 편찬하였죠.

본문 59쪽

15 고려 말, 신진 사대부와 신흥 무인세력이 성장하다

1 (가) 신진 사대부 (나) 최무선 (다) 이성계 (라) 정몽주
2 신진 사대부
3 ① 신진 사대부는 성리학을 수용하였으며, 주로 과거를 통해 관직에 진출하였죠.

오답 피하기 ② 신라 말 호족들이 스스로를 성주, 장군이라 불렀죠. ③ 교정도감을 설치해 권력을 행사한 것은 최씨 무신정권의 최충헌. ④ 주로 음서를 통해 관직에 진출한 이들은 고려 전기의 문벌, 그리고 원 간섭기의 권문세족이었어요.

한능검 기출문제

정답 ③

풀이 (가)에 들어갈 세력은 신진 사대부죠. 조준, 정도전 등 혁명파(급진파) 사대부들은 위화도 회군으로 권력을 장악한 이성계와 함께 고려 왕조를 무너뜨리고 새로운 왕조를 세우려 했죠. 신진 사대부 세력은 성리학을 사상적 기반으로 삼았어요.

오답 피하기 ① 서경 천도를 주장한 것은 묘청, 정지상 등이었죠. ② 대부분 친원적 성향을 보인 것은 원 간섭기 권문세족이고요. ④ 교정도감을 통해 권력을 행사한 것은 최충헌과 최우 등 최씨 무신정권의 최고 권력자들이었죠.

한국사능력검정시험 도전하기

본문 61쪽

01 (제50회 기본 11번)

정답 ④

풀이 정동행성 이문소를 폐지하고 원의 간섭을 물리치려 한 고려의 왕은 공민왕이죠. 공민왕은 쌍성총관부를 공격하여 철령 이북의 땅을 되찾았고요.

오답 피하기 ① 교정도감을 설치한 것은 최씨 무신정권의 최충헌. ② 거란과 여진의 침입에 대비해 천리장성을 축조한 것은 거

란의 3차 침입 이후였죠. ③ 대마도(쓰시마)를 정벌한 것은 고려 말 창왕 때 박위, 그리고 조선 초 세종 때 이종무에 대한 설명이에요.

02 (제51회 기본 14번)

정답 ④

풀이 왼쪽 삽화는 삼별초의 항쟁, 오른쪽 삽화는 공민왕이 원의 간섭을 물리치는 상황이죠. 그러니까 (가)에는 원의 간섭을 받는 상황이 들어가겠죠? 원 간섭기에 고려의 지배층 사이에는 변발과 호복이 유행하였죠. 공민왕은 이런 몽골풍을 금지하였고요.

오답 피하기 ① 별무반이 편성된 것은 여진이 고려를 침범할 때였죠. 즉 몽골의 침입 이전이죠. ② 김헌창이 난을 일으킨 것은 신라 하대의 상황이고요. ③ 김부식이 묘청의 난을 진압하고 삼국사기를 편찬한 사람이니까 이것은 무신정변 이전이에요.

03 (제57회 기본 17번)

정답 ①

풀이 자료의 기획안은 고려 말 공민왕의 개혁과 관련된 것이에요. 수원 화성을 축조한 것은 조선 후기 정조의 업적이죠.

04 (제47회 기본 17번)

정답 ④

풀이 전민변정도감과 신돈, 그럼 떠오르는 게 누구죠? 맞아요! 공민왕이죠. 공민왕은 개경 환도 이후 시작된 원의 간섭을 물리치고, 원 간섭기에 성장한 권문세족의 힘을 약화시키기 위해 고려 말에 여러 가지 개혁을 실시하였죠. 그중 하나가 권문세족들이 불법으로 빼앗은 땅을 원래 주인에게 돌려주게 하고, 원래 양인이었다가 불법으로 노비가 된 이들을 다시 양인으로 해방시키고자 전민변정도감을 설치하고 승려 신돈을 그 책임자로 임명하였죠. 그러자 권문세족이 반발하며 신돈과 공민왕을 제거하였고, 결국 고려는 얼마 못 가 멸망하게 되는 것이죠.

05 (제45회 기본 13번)

정답 ③

풀이 제시된 장면은 고려가 원의 간섭을 받던 시기 볼 수 있는 모습들이죠. 원 간섭기에 친원적 성격을 띤 권문세족이 성장하였고, 이들은 막강한 권력을 앞세워 대규모 토지를 소유했어요.

오답 피하기 ① 상평통보는 조선 후기 숙종 때부터 사용되었어

요. ② 고구마와 감자가 널리 재배된 것도 조선 후기예요. ④ 청해진에서 무역이 활발하게 이루어졌던 것은 통일 신라 때 사실이죠. 장보고와 청해진 기억나죠?

06 (제43회 기본 13번)

정답 ④

풀이 (가) 왕은 공민왕이에요. 원의 공주였던 노국대장공주와 결혼했고, 몽골풍을 금지시켰던 왕이죠. 공민왕은 쌍성총관부를 공격하여 철령 이북의 땅을 되찾았죠.

오답 피하기 ① 훈요 10조를 남긴 것은 태조 왕건. ② 대마도를 정벌한 것은 고려 말 창왕 때 박위, 그리고 조선 세종 때 이종무와 관련되죠. ③ 최승로의 건의에 따라 지방에 12목을 설치하고 지방관을 파견한 것은 고려 초 성종이었죠.

Ⅳ. 고려의 경제와 문화

본문 67쪽

16 고려의 토지제도, 전시과

1 (가) 역분전 (나) 경종 (다) 수조권

2 전시과

3 ② 고려의 토지제도인 전시과 제도는 문무 관료에게 전지와 시지를 지급하였죠.

오답 피하기 ① 태조 왕건 때 지급한 것은 역분전이죠. 전시과 제도를 시행한 것은 경종 때예요. ③ 진골 귀족의 경제적 기반이 되었던 것은 녹읍이었죠. 통일 신라의 신문왕이 녹읍을 폐지하면서 진골 귀족의 경제 기반을 약화시키려 했고요. ④ 전시과는 관직에서 물러나거나 죽으면 국가에 반납하는 게 원칙이었어요. 죽은 뒤에도 자손에게 세습할 수 있었던 것은 공음전이죠.

한능검 기출문제

정답 ③

풀이 고려 시대에 관직 복무 등에 대한 대가로 전지와 시지를 차등 지급한 제도는 전시과 제도였죠.

오답 피하기 ① 관료전은 통일 신라의 신문왕 때 문무 관료에게

지급한 것이죠. ② 대동법은 조선 후기 광해군 때 처음 실시한 제도로 특산물을 쌀이나 돈으로 납부하게 한 제도예요. ④ 호포제는 조선 말에 흥선대원군이 양반에게도 군포를 부과한 제도예요.

본문 69쪽

17 고려의 상공업과 무역

1 (가) 경시서 (나) 소 (다) 벽란도

2 벽란도

3 ④ 특수 행정구역인 향, 부곡, 소 가운데 주로 수공업 제품을 생산한 것은 소의 주민들이었죠. 향과 부곡의 주민들은 농업 생산활동에 참여했어요.

한능검 기출문제

정답 ②

풀이 고추, 담배 등 상품 작물을 재배하기 시작한 것은 임진왜란 이후, 즉 조선 후기에 나타난 경제활동이에요. 고려 시대에는 고추와 담배가 전해지지 않았어요.

본문 71쪽

18 고려의 화폐 이야기

1 (가) 건원중보 (나) 은병 (다) 상평통보

2 건원중보

3 ② 상평통보는 조선 후기 숙종 때 발행된 화폐로, 전국적으로 널리 유통되었어요.

한능검 기출문제

정답 ①

풀이 건원중보와 은병은 고려 시대의 화폐였죠. 고려 시대에는 벽란도가 국제 무역항으로 번성하였어요.

오답 피하기 ② 조선 후기에 담배, 인삼 등의 상품 작물을 재배하기 시작하였죠. ③ 조선 후기 대동법이 시행되면서 관청에 물품을 조달하는 공인이 등장했어요. ④ 시장을 감독하기 위한 동시전이 설치된 것은 신라 지증왕 때예요.

한국사능력검정시험 도전하기

본문 73쪽

01 (제58회 기본 13번)

정답 ③

풀이 고려 경종 때 처음 시행되었고, 관직 복무의 대가로 전지와 시지를 차등 지급한 것은 전시과 제도에 대한 설명이에요.

오답 피하기 ① 과전법은 고려 말 공양왕 때 제정된 조선의 토지제도였죠. ② 납속책은 조선 시대에 실시한 제도인데, 국가에 곡식이나 돈을 납부하면 그 대가로 신분을 높여주거나 관직을 주는 제도였어요. ④ 호포제는 조선 말 흥선대원군이 양반에게도 군포를 부과한 제도였죠.

02 (제55회 기본 15번)

정답 ①

풀이 말풍선에 보면 '이 국가의 수도인 개경으로 향하다'라는 구절이 보이죠? 개경이 수도였던 나라는 고려죠. 고려에서는 관직 복무의 대가로 문무 관료에게 전지와 시지를 차등을 두어 지급하는 전시과 제도가 실시되었죠.

오답 피하기 ② 고구마, 감자가 널리 재배된 것은 조선 후기부터였죠. ③ 모내기법이 전국적으로 확산된 것도 조선 후기예요. ④ 시장을 감독하기 위한 관청으로 동시전이 설치된 것은 신라 지증왕 때였고요. 고려 시대에 시장을 감독하기 위해 설치한 관청은 경시서였죠.

03 (제41회 기본 11번)

정답 ④

풀이 고려 시대 경제활동을 묻는 문제인데요, 보부상이 전국의 장시를 돌아다니며 활동한 것은 조선 후기부터였어요.

04 (제43회 기본 16번)

정답 ③

풀이 고려 말 원나라에서 목화씨를 가져와 의류 생활에 큰 변화를 일으킨 인물은 문익점이죠.

오답 피하기 ① 이색은 신진 사대부의 대표적 인물이었고요. ② 일연은 『삼국유사』를 편찬한 승려였죠. ④ 정도전은 신진 사대부로서 이성계와 함께 조선 건국을 주도했던 인물이죠.

05 (제52회 기본 14번)

정답 ④

풀이 예성강 하구의 벽란도가 국제 무역항으로 번영했던 나라는 고려예요. 고려 시대에는 활구라고 불린 은병이 화폐로 사용되었죠.

오답 피하기 ①, ②, ③ 모두 조선 후기의 경제 상황이에요.

06 (제54회 기본 15번)

정답 ②

풀이 고려의 숙종 때 있었던 사실을 찾는 문제네요. 숙종은 동생인 대각국사 의천의 건의에 따라 해동통보 등의 화폐를 제작하였죠.

오답 피하기 ① 규장각을 설치한 것은 조선 후기 정조 때 ③ 노비안검법을 실시한 것은 고려의 광종 ④ 쌍성총관부를 공격하여 철령 이북의 영토를 회복한 것은 고려 말 공민왕이죠.

본문 77쪽

19 고려의 불교(승려)

1 (가) 교관겸수 (나) 지눌 (다) 혜심

2 지눌

3 ③ 불교계의 타락을 비판하며 승려 본연의 자세로 돌아가자는 결사 운동을 전개한 것은 보조국사 지눌이에요.

한능검 기출문제

정답 ②

풀이 대각국사 의천은 왕자 출신으로 승려가 되었고, 해동 천태종을 창시하였죠. 교관겸수를 주장하며 교종을 중심으로 선종을 통합하려 하였고요.

오답 피하기 ① 원효는 신라의 승려로 아미타 신앙을 전파하며 불교의 대중화에 힘썼어요. ③ 보조국사 지눌은 결사운동을 전개하였고, 돈오점수와 정혜쌍수 등을 주장하며 선종을 중심으로 교종을 통합하려 하였어요. ④ 지눌의 제자인 혜심은 유교와 불교가 다르지 않다는 유불일치설을 주장하였죠.

본문 79쪽

20 고려의 불교(사원 건축)

1 (가) 봉정사 극락전 (나) 고려 (다) 주심포

2 부석사

3 ④ 현재 남아있는 우리나라의 가장 오래된 목조 건축물은 봉정사 극락전이에요.

한능검 기출문제

정답 ④

풀이 고려시대 건축물로 경북 영주에 있는 것은 부석사 무량수전이에요. 아미타불을 모셔놓은 법당을 무량수전이라 하거든요.

오답 피하기 ① 금산사 미륵전 ② 법주사 팔상전 ③ 화엄사 각황전은 모두 조선 시대의 건축물이에요.

본문 81쪽

21 고려의 불교(불상, 불탑, 불화)

1 (가) 관촉사 석조 미륵보살 입상 (나) 월정사 8각 9층 석탑 (다) 원

2 관촉사

3 ④ 이불 병좌상은 두 부처가 나란히 앉아 있는 모습을 표현한 불상으로 발해의 대표적 문화유산이죠.

한능검 기출문제

정답 ③

풀이 고려 시대에 만들어진 가장 거대한 불상으로 충남 논산에 있는 것은 관촉사 석조 미륵보살 입상이에요.

오답 피하기 ① 금동 미륵보살 반가사유상은 삼국시대의 불상이죠. ② 석굴암 본존불상은 통일 신라의 대표적 불상이고요. ④ 용현리 마애여래 삼존상은 충남 서산에 있는 것으로 백제의 대표적 불상이죠.

본문 83쪽

01 (제54회 기본 16번)

정답 ①

풀이 불교계의 타락을 비판하면서 승려 본연의 자세로 돌아가 노동에 힘쓰고 열심히 불경을 읽는 데 전념하자는 정혜결사를 조직하여 수선사에서 결사운동을 이끌었으며, 선과 교를 함께 닦아야 한다는 정혜쌍수를 주장한 고려의 승려는 보조국사 지눌이죠.

오답 피하기 ② 요세는 고려 후기에 백련사에서 결사운동을 이끈 승려인데 의천이 창시한 천태종에 바탕을 두고 사람들에게 참회(진정한 뉘우침)를 강조한 승려였어요. ③ 혜초는 『왕오천축국전』을 남긴 신라의 승려. ④ 원효는 아미타 신앙을 통해 불교 대중화를 이끌었던 신라의 승려죠.

02 (제45회 기본 12번)

정답 ①

풀이 왕자로 태어나 승려가 되었고, 천태종을 창시했던 승려는 대각국사 의천이죠. 교관겸수를 주장하며 교종을 중심으로 선종을 통합하려 했고, 형인 숙종에게 화폐의 제작을 건의했던 고려의 승려였어요.

오답 피하기 ② 혜초는 『왕오천축국전』을 남긴 신라의 승려 ③ 원효는 아미타 신앙을 통해 불교 대중화를 이끌었던 신라의 승려. 무애가를 지었던 승려이고 이두를 정리한 설총의 아버지이기도 하죠. ④ 묘청은 정지상 등과 함께 서경천도운동을 이끌었던 고려의 승려였고, 그게 좌절되자 서경에서 국호를 대위국, 연호를 천개라 하며 난을 일으켰죠.

03 (제47회 기본 16번)

정답 ②

풀이 경북 영주에 있는 고려 시대 목조 건축물로 배흘림기둥과 주심포 양식이 특징이고 아미타불이 모셔져 있는 것은 영주 부석사 무량수전이죠. 대웅전은 석가모니불, 무량수전은 아미타불을 모신 공간이라는 거 기억나죠?

오답 피하기 ① 전등사는 강화도에 있는 절이에요. 전등사 대웅전에는 석가모니불이 모셔져 있겠죠? 조선 후기 건축물인데, 그냥 구색 갖추기로 제시된 선택지에요. ③ 금산사 기억나요? 후백제의 견훤이 아들 신검에 의해 유폐되었던 절이죠. 전라북도

김제에 있는 절인데 여기 나온 금산사 미륵전은 조선 후기에 새로 지은 건축물이에요. 미륵전이니까 무슨 부처가 있을까요? 맞아요, 미륵불이 모셔져 있어서 미륵전이죠. ④ 충북 보은에 있는 절이 법주사인데, 이 팔상전은 조선 후기 건축물로 현재 우리나라에 남아있는 가장 오래된 5층 목탑이에요. 불상을 모셔놓은 법당이 아니라, 부처의 사리나 불교 경전을 모셔놓은 불탑이죠.

04 (제49회 기본 17번)

정답 ②

풀이 고려 시대 불상을 찾는 문제네요. 고려 시대에는 관촉사 석조 미륵보살 입상 같은 거대한 불상이 많이 만들어졌다는 거 기억나죠? 경북 안동에 있는 안동 이천동 마애 여래 입상도 고려 시대에 만들어진 거대한 불상 가운데 하나예요. 근데 처음 보는 불상이라 당황할 수 있어요. 하지만 이 문제는 정답인 이 불상이 고려 시대 불상인지 모르더라도, 나머지 3개의 불상이 워낙 유명한 불상이라서 어떤 나라의 불상인지 알 수 있기에 출제가 가능했던 거예요.

오답 피하기 ① 이불병좌상은 발해 ③ 경주 석굴암 본존불상은 통일 신라 ④ 서산 용현리 마애 여래 삼존상은 백제의 대표적인 불상이죠.

05 (제44회 기본 15번)

정답 ②

풀이 원의 영향을 받아 만들어진 고려의 탑, 일본으로 유출되었다가 다시 돌아온 탑, 현재 국립중앙박물관 1층에 전시된 탑, 바로 경천사지 10층 석탑이죠. 우리나라의 탑은 3,5,7,9층 등 대부분 홀수 탑으로 만들어졌는데, 이 탑은 짝수인 10층 탑이죠.

오답 피하기 ① 감은사는 신문왕이 아버지 문무왕의 은혜에 감사한다는 의미를 담아 지은 절이었죠. 그 감은사 터에 있는 감은사지 3층 석탑은 그래서 통일 신라의 탑이죠. ③ 월정사 8각 9층 석탑은 고려 시대의 석탑이지만, 원의 영향을 받지 않았어요. 지금도 강원도 평창의 월정사에 자리하고 있죠. ④ 화엄사 4사자 3층 석탑은 신라 하대의 대표적인 탑이죠.

06 (제57회 기본 20번)

정답 ③

정답과 풀이

풀이 고려 시대에 만들어진 다각 다층탑이고 강원도 평창에 있다면? 맞아요. 월정사 8각 9층 석탑이죠. 8각이니까 다각, 9층이니까 다층이라고 표현하는 것이죠. 그래서 다(多. 많다)라는 표현을 쓴 것이죠.

오답 피하기 ① 불국사 다보탑은 통일 신라 ② 신륵사 다층 전탑은 고려 시대의 유일한 전탑(벽돌탑)이에요. ④ 화엄사 4사자 3층 석탑은 신라 하대의 대표적인 탑으로서 전남 구례에 있어요.

본문 87쪽

22 역사서 편찬과 국자감의 변천

1 (가) 삼국사기 (나) 일연 (다) 이규보

2 삼국유사

3 ② 김부식이 편찬한『삼국사기』에는 단군의 고조선 건국 이야기가 실려 있지 않아요. 승려 일연이 지은『삼국유사』, 그리고 이승휴가 지은『제왕운기』에 단군의 고조선 건국 이야기가 실려있죠.

한능검 기출문제

정답 ③

풀이 묘청의 난을 진압하고『삼국사기』를 편찬한 고려의 정치인, 유학자는 김부식이죠.

오답 피하기 ① 양규는 거란의 2차 침입 때 활약했던 고려의 장수죠. ② 일연은『삼국유사』를 편찬한 고려의 승려. ④ 이제현은 충선왕이 원의 수도인 연경에 세운 만권당에서 원의 학자와 교류했던 고려의 학자죠.

본문 89쪽

23 고려의 인쇄술(팔만대장경과 직지)

1 (가) 직지 (나) 팔만대장경 (다) 금속활자

2 팔만대장경

3 ①『팔만대장경』은 금속활자가 아닌 목판으로 만들어졌어요. 금속활자로 만들어진 것은『상정고금예문』과『직지』였죠.

한능검 기출문제

정답 ④

풀이 자료의 설명은 모두『직지』에 관한 것이죠. 고려 말 청주 흥덕사에서 간행되었고, 프랑스 국립도서관에서 박병선 박사의 끈질긴 노력으로 어렵게 찾아낸 우리의 소중한 문화유산이죠.『직지』는 현존하는 세계에서 가장 오래된 금속 활자본이에요.

오답 피하기 ① 김부식이 왕명을 받아 편찬한 것은『삼국사기』② 사초와 시정기를 바탕으로 제작된 것은『조선왕조실록』③ 우리나라 풍토에 맞는 농법을 소개한 것은 조선 세종 때 편찬한『농사직설』이에요.

본문 91쪽

24 고려의 공예(상감청자와 나전칠기)

1 (가) 나전칠기 (나) 분청사기 (다) 고려

2 상감청자

3 ② 흙으로 빚은 그릇 표면에 구름이나 학 등의 여러 모양을 파낸 뒤, 백토(흰색 흙)나 자토(붉은 빛이 도는 흙)를 채워 넣어 무늬를 표현한 뒤 유약을 발라 구워내는 기법을 상감법이라 하고, 그 상감법으로 제작된 청자를 상감청자라 하죠.

오답 피하기 ① 순청자예요. 상감법을 사용하지 않고 음각이나 양각으로 무늬를 표현한 청자를 순청자라 하죠.

한능검 기출문제

정답 ④

풀이 제시된 도자기 제작 기법이 바로 상감법이에요. 상감법으로 만든 청자를 상감청자라고 하고요. '청자 상감 모란문 표주박 모양 주전자' 이게 유일하게 상감청자네요. 이름에도 상감청자라는 게 드러나죠? '청자 상감'

오답 피하기 ① 기마 인물형 토기는 신라와 가야 지역에서 출토되는 삼국 시대의 토기죠. ② 이건 철화백자라고도 하는데요, 흰 흙으로 빚은 그릇에 붉은 빛을 띄는 산화철로 그림을 그리고 유약을 발라 구워내는 백자예요. 조선 시대에 제작되었죠. ③ 이건 고려의 순청자예요. ①, ②, ③ 모두 상감법과 거리가 멀다는 게 핵심이에요. 이런 도자기의 이름까지 기억하지 않아도 되니까 부담 갖지 마세요.

01 (제54회 기본 11번)

정답 ④

풀이 승려 일연이 쓴 역사서이고 단군의 고조선 건국 이야기가 실려있다면, 그건 『삼국유사』죠.

오답 피하기 ① 『발해고』는 조선 후기에 유득공이 지은 역사서예요. 이 책에서 유득공은 통일 신라와 발해를 남북국 시대로 규정했죠. ② 『동국통감』은 조선 전기에 서거정 등이 편찬한 역사서예요. 고조선부터 고려까지의 역사를 정리했죠. ③ 『동사강목』은 조선 후기에 안정복이 지은 역사서로 고조선부터 고려까지의 역사를 정리했죠.

02 (제57회 기본 12번)

정답 ①

풀이 고려 초 성종이 최고 교육기관인 국자감을 설치했고요(가). 이후 최충이 9재 학당을 설립하면서 사학 12도라 불리는 사학 교육기관이 발달하고 대신 국자감은 쇠퇴하였죠(나). 그리고 원 간섭기에 국자감이 성균관으로 이름을 바꾸었는데, 특히 공민왕이 유학교육을 강화하면서 성균관을 순수 유학 교육기관으로 개편하였어요(다). 그래서 (가) – (나) – (다)의 순서가 만들어지네요.

03 (제52회 기본 17번)

정답 ④

풀이 경남 합천의 해인사 장경판전에 보관하고 있는 고려의 문화유산은 팔만대장경이에요. 거란의 침략 때 만들었던 『초조대장경』이 몽골의 침략 과정에서 불타자, 다시 부처의 힘으로 몽골의 침입을 물리치고자 하는 염원을 담아 『팔만대장경』을 만들었죠.

오답 피하기 ① 조선 시대 국왕의 비서기관인 승정원에서 편찬한 것은 『승정원일기』 ② 시정기와 사초를 바탕으로 제작한 것은 『조선왕조실록』 ③ 현존하는 가장 오래된 금속활자본은 『직지』이죠.

04 (제46회 기본 17번)

정답 ③

풀이 제시된 삽화는 금속활자의 제작 과정을 보여주고 있어요. 금속활자로 인쇄된 우리의 소중한 문화유산은 『직지』, 즉 『직지심체요절』이죠.

오답 피하기 ① 사발통문은 비밀리에 일을 진행할 때, 주동자를 쉽게 찾지 못하도록 사발(그릇)을 엎어놓고 이름을 써나간 문서예요. 동학농민운동에서 이 사발통문이 등장할 거예요. ② 『왕오천축국전』은 통일 신라의 승려인 혜초가 오천축국을 순례하고 남긴 견문록이고요. ④ 『팔만대장경』은 부처의 힘을 빌려 몽골의 침입을 물리치고자 만든 고려의 문화유산인데, 금속활자가 아닌 목판으로 제작하였죠.

05 (제46회 초급 15번)

정답 ④

풀이 표면에 얇게 간 조개껍데기를 정교하게 오려 붙인 고려 최고의 공예품은 나전칠기죠.

오답 피하기 ① 청화백자는 백자에 푸른색 안료로 그림을 그리고 유약을 발라 구워낸 도자기로, 조선 후기에 널리 유행하였어요. ② 놋그릇은 놋쇠로 만든 그릇인데요. 놋쇠는 구리에 주석이나 아연 등의 금속을 넣어 만들었어요. 놋그릇을 한자로는 유기라고 하죠. ③ 화문석은 왕골이라는 식물의 껍질을 벗겨 만든 돗자리를 말해요.

06 (제48회 기본 12번)

정답 ③

풀이 고려 시대를 대표하는 도자기로, 표면에 무늬를 새겨 파내고 다른 재질의 재료를 넣어 제작하는 상감법으로 제작되었다면, 그건 상감청자죠. 상감청자는 ③번밖에 없죠?

오답 피하기 ① 분청사기 ② 철화백자 ④ 순청자, 모두 상감법과 거리가 멀어요.

이미지 출처